Gabor Steingart

WELTBEBEN

Leben im Zeitalter der Überforderung

 PENGUIN VERLAG

Verlagsgruppe Random House FSC® N001967

PENGUIN und das Penguin Logo sind Markenzeichen von Penguin Books Limited und werden hier unter Lizenz benutzt.

1. Auflage 2017
Copyright © 2016 by Albrecht Knaus Verlag, München,
in der Verlagsgruppe Random House GmbH,
Neumarkter Straße 28, 81673 München
Umschlag: bürosüd, München, nach einer Vorlage von Oliver Schmitt
Gestaltung und Satz: Oliver Schmitt
Druck und Bindung: GGP Media GmbH, Pößneck
Printed in Germany
ISBN 978-3-328-10187-1
www.penguin-verlag.de

Dieses Buch ist auch als E-Book erhältlich.

Inhalt

»Was wir brauchen, sind ein paar verrückte Leute;
seht euch an, wohin uns die Normalen gebracht haben.«

George Bernard Shaw

Vorwort

Wollten wir unser gegenwärtiges Leben mit nur einem Wort beschreiben, wäre es wohl dieses: Überforderung. Die Komplexität der politischen Problemlagen, die Selbstbeschleunigung der digitalen Kommunikation und die Besinnungslosigkeiten des ökonomischen Größenwahns addieren sich zu einem Festival nervöser Gleichzeitigkeit. Müsste die heutige Welt eine Zukunftsverträglichkeitsprüfung ablegen, würde sie durchfallen.

Der Mensch im Zeitalter der Überforderung taumelt von einem Kontrollverlust zum nächsten. Und unsere Eliten taumeln voran. Die Banken haben die Kontrolle über ihre Bilanzen verloren, so wie die Staaten die Kontrolle über ihre Außengrenzen. Wir als Gesellschaften haben spätestens mit den Terroranschlägen von Berlin, Brüssel und Manchester das Gefühl von Unbeschwertheit verloren. Der Abschied der Briten aus dem gemeinsamen Europa hat uns Gefühle der Einsamkeit beschert. Die Wahl und mehr noch das Wirken des Donald Trump empfinden wir als Störsignale einer ins Trudeln geratenen Weltmacht, die genau das nicht mehr sein will. Oder vielleicht doch.

Den etablierten politischen Parteien ist das Objekt ihrer Gefühlsbewirtschaftung, der Bürger, ins Freie entwischt. Da steht dieser Bürger nun, mit anderen in Verwirrung und

Empörung vereint, und schaut auf eine Wirklichkeit, die ihn frösteln lässt. Auch durch die Schuld derer, die bisher über ihn herrschten, wurden viele der Ziele, die ihm wichtig waren, nicht nur nicht erreicht, sondern oft in ihr Gegenteil verkehrt. Die Kriege, die der Westen in seinem Namen führt, bringen keinen Frieden, sondern neuen Krieg; sie beruhigen die Menschen anderer Länder nicht, sondern setzen nur immer neue Wanderungsbewegungen in Gang. Die ungleiche Verteilung der Vermögen wird beklagt – und beschleunigt. Die Gefahren einer zu hohen Staatsverschuldung werden gesehen – und mit immer neuem Leihgeld bekämpft. Der Klimawandel wird verstanden – und angeheizt. Wobei auf den neuen US-Präsidenten die Sache mit dem Verstehen schon nicht mehr zutrifft. Trump hat sich zur Ahnungslosigkeit entschlossen, weil das nun mal zu seinem Markenkern gehört.

Entsprechend unübersichtlich präsentieren sich uns die internationalen Beziehungen, die wie ein Knäuel von Interessen, Beziehungen und Ratlosigkeiten vor uns liegen. Derweil die Kindererziehung längst von Zucht und Ordnung auf Dialog und Respekt umgeschaltet hat, herrscht in den internationalen Beziehungen das vorsätzliche Nichtverstehen des Anderen, wodurch eine Spirale von Hass und Gegenhass ausgelöst wurde. Wer das Scheitern der westlichen Außenpolitik besichtigen will, muss keinen G-20-Gipfel besuchen, sondern nur das nächstgelegene Flüchtlingsheim.

Unsere Welt ist dabei, sich selbst fremd zu werden. Im Nahen Osten tobt ein Flächenbrand, den das neue Amerika mit seinen Einreisebestimmungen für Muslime und milliardenschweren Waffenlieferungen an die Saudis weiter anheizt. Der Terror hat seine Brutstätten verlassen und unsere Metropolen erreicht. Europa wirkt gespalten, das Amerika des Donald

Trump halluziniert vor sich hin – von alter Wirtschaftskraft und neuer politischer Größe. Das Wort »Weltordnung« wurde »ungültig« gestempelt.

Dabei waren die Planungsprozesse noch nie so ausgefeilt wie heute, und keine vorherige Generation konnte sich in gleicher Weise auf die Methoden computerbasierter Vorhersagen stützen. Doch mit anarchistischer Wucht schlägt immer wieder der Blitz in die bestehenden Verhältnisse ein. Selbst der amerikanische Präsident weiß, wenn er in seinem Weißen Haus aufwacht, nicht, in welchem Zustand sich die Welt gerade befindet: Gab es einen neuen Terroranschlag, oder hat Amerika friedlich durchgeschlafen? Machte die Wall Street des Nachts fette Beute, oder haben die Mächtigen der Geldwirtschaft, von den Amerikanern »Fat Cats« genannt, ein neues Weltfinanzbeben ausgelöst? Ist China noch Partner oder schon Gegner? Ist der Präsident selbst noch der Führer der freien Welt oder nur noch deren oberster Vorgeführter?

Ein andauerndes Gehetzt-sein charakterisiert nicht nur unsere Alltagskultur, sondern vor allem auch die der Entscheider. Nahm sich der kürzlich verstorbene Bundeskanzler Helmut Kohl noch vierzehn Tage Zeit, um den asiatischen Kulturkreis im Stile Marco Polos zu bereisen, verkürzte Kanzlerin Angela Merkel eine ohnehin nur auf drei Tage angesetzte Brasilienreise zum 24-Stunden-Trip mit Übernachtung im Regierungsflieger. Dringende Regierungsgeschäfte in Berlin, so sagte sie, hätten das Speeddating in Rio erzwungen. Doch von dem, was gestern noch »dringlich« schien, bleiben in der Erinnerung nur die Augenringe und das Gefühl chronisch gewordener Übermüdung. Das Nervöse und Gehetzte gehört mittlerweile zum Charakteristikum der Gegenwartspolitik. Was Friedrich Nietzsche seufzend über sich sagte, könnten die politischen

Eliten mühelos auch über sich behaupten: »Ich lebe noch, doch ohne drei Schritte weit vor mich zu sehn.«

Die Verantwortlichen aus Wirtschaft und Politik reagieren auf die Zunahme von Konflikt und Komplexität mit einer gefährlichen Ausweichbewegung. Auf Vorstands- und Kabinettssitzungen sucht man nicht mehr zwingend nach Lösungen, sondern nach dem medientauglichen Narrativ, einer gut klingenden Geschichte. Wir erleben das Vordringen von Verhaltensforschern, Datenanalysten und Neurologen in die Entscheidungszentren der Macht. Mit ihrer Hilfe soll Wirklichkeit nicht mehr verändert, sondern nur anders beleuchtet werden. Auf wachsende Komplexität wird mit Reduzierung, Fiktionalisierung, Banalisierung und Emotionalisierung reagiert.

Ein nervös gewordener Westen ist unverkennbar in das Zeitalter seiner Überforderung eingetreten; mit Folgewirkungen, die schon deshalb beängstigend sind, weil sie sich der Vorhersehbarkeit entziehen. Der große Knall ist nicht zwangsläufig, aber er ist möglich geworden. Die Gleichzeitigkeit von technologischen Dynamisierungsschüben, wachsender geopolitischer Spannung und einer Elitenkultur des Weghörens haben Winde aufziehen lassen, die uns den perfekten Sturm bringen könnten.

Damit sind nicht nur die Menschen und die sie umgebende Natur überfordert, sondern auch die Systeme, die zu beider Schutz installiert wurden. Demokratie, Marktwirtschaft und das internationale Gefüge, das wir »Weltordnung« nannten, haben zu driften begonnen. Die Welt bebt. Der Mensch in der Überforderung wird auf seine Standfestigkeit getestet.

Forscher aus Japan und den USA haben über 6000 Erdbeben der Stärke 2,5 und größer untersucht, die in den Jahren

1984 bis 2011 vor und in Japan aufgetreten sind. Dabei entdeckten sie sogenannte »stille Beben«, bei denen zwei tektonische Platten sich sehr langsam aneinander reiben. Es kommt zu keinen seismischen Erschütterungen. Man spürt und hört zunächst nichts. Erst nach einiger Zeit wirken die sich selbst verstärkenden Schwingungen, gehen dann in die großen See- und Landbeben über, von denen die japanische Bevölkerung immer wieder heimgesucht wird. Die »stillen Beben«, so das Fazit der Untersuchung, sind die Sendboten des Unheils.

Vergleichen heißt nicht gleichsetzen: Die Phänomene, auf die wir in diesem Buch blicken, sind von Menschen gemacht und können also verändert werden. Wir sind keineswegs die Opfer von Naturgesetzen, die im Grande Finale einer Apokalypse zustreben.

So ist dieser Essay denn für neugierige Leser geschrieben, die unsere Gegenwartswelt nicht erdulden, sondern verändern wollen. Nur wer die Überforderung versteht, kann ihr begegnen. Alle Erneuerung beginnt als neues Denken. Die Voraussetzungen sind günstig, denn das Bürgertum ist dabei, sich aus der Verankerung des Bisherigen zu befreien:

Die Menschen sind nicht »wirtschaftsfeindlich«, nur erwarten sie von ihren Unternehmen mehr als allein die Steigerung von Gewinn. Die Firmen müssen von ihren Kunden etwas erwerben – neues Vertrauen zum Beispiel.

Die Menschen sind auch nicht »europamüde«. Sie sind es nur leid, dass die große Idee einer europäischen Gemeinschaft in Bürokratie und Privilegienwirtschaft ertränkt wird. Sie wollen sich nicht länger vorschreiben lassen, was ein guter Europäer sagt, denkt und fühlt. Sie wollen ein Europa der Demokraten, was ihnen die Autokraten der EU-Kommission und ihre Unterstützer anhaltend übelnehmen.

Die Menschen sind auch nicht »politikverdrossen«. Sie lieben jene Politiker, die das tun, was sie sagen, und das sagen, was sie denken. Was sie hassen, sind Klatschparteitage, Streit um des Kaisers Bart und organisierte Phrasendrescherei. In allen Ländern des Westens haben wir es heute sogar mit mehr politischer Leidenschaft zu tun, nur oft außerhalb jener Verbände zur Aufrechterhaltung des Status quo, die sich selbst »Volksparteien« nennen.

Die Menschen sind also nicht einem Fatalismus verfallen. Das könnte den tonangebenden Eliten so passen. Eine große Mehrheit sehnt sich nicht nach Untergang, sondern nach Selbstbestimmung, Teilhabe und Fairness. Von dem mit besorgter Miene vorgetragenen Einwand, dieses oder jenes sei unrealistisch, ja utopisch, lassen sich viele nicht mehr beeindrucken. Künstliche Intelligenz, selbstfahrende Autos, das in Echtzeit kommunizierende Internet, der Fall der Berliner Mauer und ein schwarzer US-Präsident galten einst ebenfalls als utopisch. Offenbar aber liebt es die Menschheit, Utopien wahr werden zu lassen. So enthält denn dieses Buch bei aller Schonungslosigkeit der Analyse in hoher Dosierung Zuversicht. Auf dass sich Angst und Unzufriedenheit in Mut und Hoffnung verwandeln.

Düsseldorf im Juli 2017

AMERIKA
Weltmacht auf Abruf

Amerika ist noch immer eine Weltmacht, aber eine Weltmacht auf Abruf. Das Land leidet gleichzeitig an Überforderung und Selbstüberschätzung, wobei die historische List im gleichzeitigen Auftreten der beiden Phänomene besteht. Der Abstieg wird durch die Selbstüberschätzung nicht weniger real, aber Amerika spürt die Schmerzen nicht so. Das Bild vom »American Dream« führt unter diesen Bedingungen ein zweites Leben im Halluzinarium. Früher stand der amerikanische Traum für die Idee vom Aufstieg, heute für eine Kultur der Nostalgie bei vorsätzlichem Nichtverstehen der Gegenwart.

Das Bild vom »American Dream« führt ein zweites Leben im Halluzinarium.

Das Bemerkenswerte ist, dass für den oberflächlichen Betrachter zunächst nichts auf einen Abstieg hindeutet, weshalb das Dasein in der Traumwelt bisher gut funktioniert. Die US-Streitkräfte bilden weiterhin den Showroom, in dem die Weltmachtambitionen ausgestellt werden. Das Sortiment an Aufklärungs-, Transport- und Tötungsgerät ist imposant; zu den Schmuckstücken der Sammlung gehören 7.000 Atomsprengköpfe, die in den kommenden Jahren durch eine für 100 Milliarden Dollar – das entspricht den addierten Staatshaushalten von Afghanistan, Somalia, Liberia, Niger, Sierra Leone, Zimbabwe, Eritrea und Kongo – erworbene Flotte von B-3-Bombern ergänzt werden. Ausgestattet mit Laserwaffen können diese Geschwader das feindliche Radar unerkannt durchfliegen. Ergänzt werden diese Hightech-Bomber durch eine wachsende Zahl unbemannter Drohnen, mit deren Hilfe sich selbst in unwegsamem Gelände Terroristen – bei Bedarf auch Hochzeitsgesellschaften – jagen lassen, ohne dass ein US-Soldat zu Schaden kommt.

Dabei herrscht an einsatzwilligem Kriegspersonal kein Mangel. 1,4 Millionen aktive Soldaten befehligen 1,1 Millionen Reservisten; die rund 750.000 zivilen Mitarbeiter der US-Streitkräfte sind dabei nicht mitgezählt. Marine, Luftwaffe und Heer gelten als nationale Heiligtümer, für die zu leben und sterben hohes Sozialprestige verspricht. Vor die Alternative gestellt, auf fremdem Boden zu fallen oder daheim den Weltverdickungsplänen von McDonald's & Co. zu erliegen, weiß der Patriot klug zu entscheiden.

Ökonomisch ist Amerika noch immer der Gorilla der Weltwirtschaft.

Ökonomisch ist Amerika noch immer der Gorilla der Weltwirtschaft. Kein anderes Land besitzt kräftigere Muskeln. Sogar die Wall-Street-Größen sind nach kurzer Rekonvaleszenz im Zuge der Weltfinanzkrise 2008 wieder auferstanden von den Toten – profitträchtiger, intransparenter und gieriger denn je. Derweil die Europäer, angeleitet von deutscher Gründlichkeit, ihre Finanzinstitute nach allen Regeln bürokratischer Kunst regulieren und zum Teil auch schon strangulieren, ist der Marktanteil der US-Banken in der Nach-Lehman-Zeit kräftig gestiegen. Wells Fargo, JP Morgan und Goldman Sachs leben im monetären Olymp, während die Deutsche Bank auf die globale Position

Nummer 84 und damit ins Untergeschoss der Finanzindustrie abgestiegen ist.

Der Dollar blieb trotz der Konkurrenz aus China und Euroland die alles beherrschende Leit-, Transaktions- und Reservewährung der Welt. Mehr als 63 Prozent aller Währungsreserven werden in Dollar gehalten, jede zweite Transaktion wird mit seiner Hilfe abgewickelt. Noch auf dem entlegensten Fleckchen Erde, wo das Vorzeigen von Mastercard und Euroschein nur ein Achselzucken hervorruft, bringt das Entfalten einer zerknitterten Dollarnote die Augen zum Leuchten. Es ist dieser Mythos der Unwiderstehlichkeit, der machtbewusste Männer wie Winston Churchill einst auf die Palme trieb. »Dollarsklaverei«, schimpfte er. Die Diktatur des Britischen Pfundes, das zuvor die Welt regiert hatte, war ihm deutlich lieber.

Auch die kulturellen Errungenschaften Amerikas, von der laufenden Hollywood-Produktion bis zur WhatsApp-Gruppe, erfreuen sich anhaltender Beliebtheit. Von den weltweit 50 erfolgreichsten Filmen des Jahres 2015 waren 44 US-Produktionen. Die Nachfolger von John Wayne, Elvis Presley und Aretha Franklin heißen Han Solo, Rihanna und Pink, nicht Aisha und Mustafa.

Wir fassen zusammen: Die technische Reichweite der USA, um einen Begriff der Werbeindustrie zu verwenden, ist weiterhin intakt. Der lange Arm ihrer Währung, ihres Lebensstils, ihrer Waren, ihrer Popkultur und ihres Militärs reicht überall hin. Nur, und hier beginnt der verstörende Teil der Wirklichkeit, die kulturelle und ökonomische Reichweite übersetzt sich nicht mehr in politische Gefolgschaft. Die Menschen hören die Botschaft, aber kaufen sie nicht. Oft wird sie nicht einmal mehr verstanden. Der US-Präsident sagt »Demokratie«, und die islamische Welt versteht »Angriff«. Der US-Präsident sagt »Freihandel«, und in Europa klingt es nach der Aufforderung zur Unterwerfung. Der US-Präsident wirbt für »universelle Menschenrechte«, und ein Großteil der Menschheit denkt an das Strafgefangenenlager »Guantanamo« mit seinen modern ausgestatteten Folterkellern, wo die Befragungen der Delinquenten in einer kühl durchfluteten Ertränkungsanlage durchgeführt werden.

So wirkt denn die kulturelle, ökonomische und militärische Hegemonie nicht mehr zum Ruhme Amerikas, sondern funktioniert als schier unerschöpfliche Quelle des Ressentiments und der Feindseligkeit. In paradoxer Verkehrung der bisherigen Machtmechanik verhindert die US-Dominanz also nicht die Verletzbarkeit Amerikas, sondern befördert sie. Den Amerikanern selbst aber vermittelt sie das Trugbild einer vitalen Großmacht. Viele verstehen nicht, dass Macht in der multikulturellen Welt neu formatiert wurde, dass die alten Chiffren sich nach neuen Algorithmen sortieren.

Donald Trump ist der prominenteste Vertreter derer vom Stamm des Nichtverstehens. Seine Versprechen widersprechen sich, und die Tatsache, dass sich mit einer Hundertschaft von Widersprüchen Wahlkampf führen lässt, zeigt, wie groß die Überforderung der amerikanischen Gesellschaft und ihrer Eliten ist. Trump will die islamische Welt in Grund und Boden bomben und zugleich das Nato-Engagement der Amerikaner reduzieren; er will Amerika seine alte Großartigkeit wiedergeben und zugleich die Nicht-Nuklearmächte Japan und Südkorea mit Atomwaffen ausstatten. Er will den Freihandel beschneiden und damit in einem Land, das hochgradig auf Importe angewiesen ist, den Wohlstand steigern. Trump ist der perfekte Kandidat einer halluzinierenden Wählerschaft. Er träumt ihren Traum und die Wähler seinen. Es ist ein Traum von Gewalt und Ressentiment, in dem der jeweils andere gedemütigt, des Landes verwiesen oder vernichtet wird. In dieser Welt haben Einfühlungsvermögen, Mitleid und Interessenausgleich Zutrittsverbot, weshalb Trump auf Andersdenkende auch mit feuchter Aussprache reagiert: Raus, raus, raus, bellt er ihnen im Beisein seiner 20.000 erregten Anhänger zu. Bis sich ein Hitzkopf findet, der weiß, wie man Worte in Schläge verwandelt.

So bleibt einem Großteil der amerikanischen Wählerschaft verborgen, dass die USA nicht mehr einer anderen, vergleichbar großen und kräftigen Großmacht gegenüberstehen, sondern einer Vielzahl von asymmetrischen Gegnern. Der Militärapparat wird eben nicht wie in der guten alten Zeit des Ost-West-Konfliktes durch einen anderen Militärapparat herausgefordert, sondern von Turnschuhterroristen unterlaufen. Amerikas Kultur ist weiter kommerziell erfolgreich, aber sie hat ihre Prägekraft verloren. Jeans, Rock 'n' Roll und aggressiver Anti-Amerikanismus schließen sich weniger aus denn je. Der Dollar wird weiter geschätzt, aber mit Euro, Yen und Renminbi sind Wettbewerber am Start, deren Ziel es ist, die Dollar-Hegemonie zu brechen.

Nun ist es nicht so, dass keiner in Amerika das sieht oder spürt. Aber wer es sieht oder spürt, will darüber nicht vor Publikum sprechen, weil ein zur Religion gewordener Optimismus den öffentlichen Raum dominiert. Die gesammelten Widrig-

Der Militärapparat wird nicht durch einen anderen Militärapparat herausgefordert, sondern von Turnschuhterroristen unterlaufen.

keiten der Gegenwart – Asiens Aufstieg, Russlands Renaissance und der wachsende Einfluss des radikalen Islam – werden nicht verschwiegen, aber weggemurmelt. Realpolitik ist ein schmutziges Wort geworden, weil es beim Halluzinieren stört.

Die Überforderung der USA ergibt sich weniger aus dem Nicht-Verstehen als aus dem Nicht-Besprechen dessen, was mit dieser außergewöhnlichen Nation gerade geschieht. Das Establishment sieht die Zeichen, aber kann und will sie nicht deuten – zumindest nicht im Beisein der TV-Zuschauer und Wähler. Die Botschaft einer Welt in Unordnung passt nicht zu Abraham Lincolns Diktum von »the last, best hope of earth«, das im »American Exceptionalism« zur Staatsräson geronnen ist. Amerika erkennt und spürt sich am besten in der eigenen Großartigkeit, die weder Relativierung noch Negation verträgt. »Unsere Kinder müssen wissen, dass sie Bürger der mächtigsten, besten und ehrenwertesten Nation in der Geschichte der Menschheit sind, der außergewöhnlichen Nation«, schreibt ein Mann wie Ex-Vizepräsident Dick Cheney in seinem jüngsten Buch. Wer ihm widerspricht oder ihn auch nur relativiert, hat im innerparteilichen Ränkespiel von Demokraten und Republikanern verloren. Zwischen den politischen Parteien ist ein Wettlauf in Gang gekommen, wer zur beeindruckenderen Realitätsverweigerung fähig ist. Der relative Abstieg Amerikas, die Verschiebung von Macht und Wohlstand in Richtung der anderen Kulturkreise, dürfen bei Strafe des Scheiterns von keinem Kandidaten, der auf Wahl oder Wiederwahl hofft, thematisiert werden. Und das gilt nicht nur für die Kandidaten der Präsidentschaftswahlen, sondern

Zwischen den politischen Parteien ist ein Wettlauf in Gang gekommen, wer zur beeindruckenderen Realitätsverweigerung fähig ist.

für alle wählbaren Entscheidungsträger der USA, von den 435 Kongressabgeordneten über die 100 Senatoren bis zu den Bundesrichtern und die Sheriffs. Das Beschwören amerikanischer Größe und Einmaligkeit zwingt sie zur Wirklichkeitsverweigerung. Wer im US-System aufsteigen will, muss sich gegen die Urkräfte der neueren Weltgeschichte, die Amerikas Rolle geschrumpft haben und weiter schrumpfen werden, nach Kräften immunisieren. Auch die Clintons und ihre politischen Freunde, darunter kluge Frauen wie die Ex-Außenministerin Madeleine Albright, sprechen von der »unverzichtbaren Nation«. Doch solche Selbstzuschreibungen stärken die halluzinogenen Kräfte daheim, wie sie zugleich die allergischen Reaktionen außerhalb des Landes befördern. Die Weltgeschichte kennt keine unverzichtbaren Mächte. Der Ozean der versunkenen Großreiche ist ein tiefes Gewässer. Hier liegen römische Kaiser und Mongolenfürsten neben Alexander dem Großen, Napoleon und Königin Victoria.

Die Weltgeschichte kennt keine unverzichtbaren Mächte.

Die Überforderung Amerikas zeigt sich vor allem darin, dass kein ausreichend starker Mechanismus zur Selbstkorrektur existiert. Gegenwartsblind stolpert Uncle Sam durch die Weltgeschichte. Es kommt fortwährend zu einer eigenartigen Umwidmung der Ereignisse. So wird die Feindseligkeit der islamischen Welt nicht als Aufforderung zum Dialog, sondern als Ermunterung zu noch mehr Härte verstanden. Die allmähliche Abkehr Europas vom großen Bruder Amerika erscheint im Lichte der patriotischen Beleuchtung als unverständliche Eselei der anderen Seite. Die von *Newsweek* aufgeworfene Frage »Why they hate us?« beantworten viele Amerikaner mit der schlichten Feststellung: »Weil wir so großartig sind.« Die anderen greifen und giften Amerika also gerade deshalb an, weil es so freiheitsliebend, so libertär, so militärisch stark und technologisch überlegen ist. Der Konflikt mit den anderen Kulturkreisen fördert also nicht den Selbstzweifel, sondern dient im Gegenteil der nationalen Selbstvergewisserung. Die Welt, mit den Augen der Teaparty betrachtet, wird zur Welt ohne Fragezeichen. Eine ganze Nation verbarrikadiert sich hinter der Annahme eigener Unfehlbarkeit, wie wir das sonst nur vom Vatikan kennen.

Amerika verbarrikadiert sich hinter der Annahme eigener Unfehlbarkeit, wie wir das sonst nur vom Vatikan kennen.

Wobei hier nicht in Gänze gegen Patriotismus, Nationalhymne und vaterländischen Stolz gesprochen werden soll, die – solange es den supra-nationalen Organisationen an Vertrauen und Durchsetzungsmacht fehlt – noch eine ganze Weile das Amalgam gesellschaftlicher Zusammengehörigkeit bilden werden. Doch es ist wie im normalen Leben: Die Menge macht das Gift. Der fiebrige Patriot, berauscht von der Großartigkeit der Vorfahren, hat den entscheidenden evolutionären Schritt verpasst, der ihm das Navigieren in der Welt von heute ermöglichen würde. Er produziert viel Hitze, kein Licht. Er ist der Neandertaler der Neuzeit und deshalb, wenn schon nicht dem Tode, so doch der globalen Bedeutungslosigkeit geweiht. Amerika weiß, wie man Reservate baut, um bei lebendigem Leib vergangener Größe nachzutrauern.

Das Establishment in Washington zeigt die Symptome der Überforderung vor allem dadurch, dass ihr Spitzenpersonal die Veränderungen in der globalen Tektonik weitgehend ignoriert und weiter nach den überlieferten Regieanweisungen spielt. Der Präsident spürt, was wir auch spüren; er weiß, was wir wissen. Doch er spielt weiter die Rolle als weltlicher Stellvertreter Gottes, der kraft seiner rechtlich einzigartigen Stellung im Verfassungsgefüge der USA und im Glauben an die spirituelle Kraft seiner Persönlichkeit im globalen Maßstab über Arm und Reich, Krieg und Frieden und neuerdings auch über die Temperatur des Weltklimas zu befinden hat. Wenn es denn noch eine Gemeinsamkeit von Republikanern und Demokraten gibt, dann die kollektiv gepflegte Hybris, der Mittelpunkt der Welt befinde sich hinter dem Eisenzaun von 1600 Pennsylvania Avenue Northwest in Washington D.C.

In Wahrheit sind, geopolitisch betrachtet, längst weite Teile der Welt wie der Nahe und Mittlere Osten, aber auch Teile Afrikas und Ostasiens der Einflusssphäre der USA entglitten. Präsident und Außenminister können auf den Regierungsflughäfen von Riad, Damaskus und Teheran starten und landen, so oft sie wollen, sie können den Lauf der Dinge beschleunigen oder verlangsamen, aber auf die Richtung nehmen sie keinen spürbaren Einfluss mehr.

In Wahrheit sind längst weite Teile der Welt der Einflusssphäre der USA entglitten.

Andere Mächte haben sich auf den Weg gemacht. Russland wirkt revitalisiert, Indien steigt langsam, aber stetig auf, China muss bereits als Großmacht angesprochen werden. Mittlerweile unterhalten sich dreimal so viele Menschen in Mandarin wie auf Englisch. Eine Weltmacht, die nur von 20 Prozent der Weltbevölkerung verstanden wird – oder umgekehrt: eine Führungsnation, die von 80 Prozent der zu Führenden nicht verstanden wird, ist eine Behauptung, aber keine Tatsache.

Doch solche Widerborstigkeiten mag man in Washington nicht hören. Nach den sorgenfreien Jahren des Triumphalismus, die man parteiübergreifend nach der Implosion des

Sowjetreiches in vollen Zügen genoss, ja als »Ende der Geschichte« feierte, ist die Geschichte zurückgekehrt. Wir sind Zeitzeugen des kometenhaften Aufstiegs des Islam zu einer imperialen Macht neuen Typs. Diese Macht gliedert sich in selbstbewusste staatliche Akteure – im Zentrum Iran und Saudi-Arabien – und eine Vielzahl nicht-staatlicher Akteure, die in den Ruinen zerfallener und zerfallender Nationalstaaten, also in Libyen, Irak, Jemen, Syrien, Afghanistan und Teilen Pakistans, die Brutstätten des neuzeitlichen Terrorismus errichtet haben. Der Politikwissenschaftler Herfried Münkler spricht von den »weißen Flecken der Gesetzlosigkeit«, die sich weltweit ausbreiten. Es sind Flecken, die sich dem Einfluss der USA aktiv und passiv entziehen und mittlerweile als »No-go-Areas« für Amerikaner betrachtet werden müssen.

Die Verschiebung von Einfluss und Wohlstand in Richtung der hinduistischen, islamischen, lateinamerikanischen und sinischen Kulturkreise führte bisher zu keinem neuen strategischen Ansatz in der US-Außenpolitik. »Die menschliche Geschichte ist die Geschichte von Kulturen. Es ist unmöglich, die Entwicklung der Menschheit in anderen Begriffen zu denken«, mit diesen Worten hatte Samuel Huntington den politischen Eliten in Washington eine Brücke des Verstehens in die multipolare und damit auch multireligiöse Welt gebaut, die sie freilich nie betreten haben. Amerika findet keinen Zugang zu den Kulturkreisen jenseits des westlichen und, was noch schwerer wiegt, scheint sich darum auch nicht sonderlich zu bemühen.

Außenpolitik ist in der Hauptstadt des Westens eine Spezialdisziplin für eine kleine Minderheit von Kongressabgeordneten und Senatoren. Barack Obama hat in seinem Wahlkampf 2008 zwar Kirchen aller Art, aber keine Moschee besucht. Das vorsätzliche Ignorieren der neuen Vielfalt ist der weithin sichtbarste Teil der amerikanischen Überforderung. Doch mit Weltfremdheit lässt sich auf Dauer kein Weltmachtstatus begründen.

Die Absetzbewegung hat längst die westliche Welt erfasst. In Europa hört man den USA weiter zu, aber man folgt ihr nicht mehr. Das liegt zum einen daran, dass der Kontinent mit sich selbst beschäftigt ist. Zum anderen ist es die Quittung dafür, dass die letzten großen Projekte der USA – Irak-Feldzug, Immobilienblase, Finanzkrise – keine Exportschlager waren. Die Kriege der US-Armee gelten in Berlin, Brüssel, Paris und neuerdings auch in London als kostspielige Fehlschläge, bei denen Vertrauen und Menschenleben verloren gingen. Eine Wirtschaftspolitik, die sich von Boom zu Crash und wieder zurück bewegt, kann die europäische Öffentlichkeit nicht überzeugen. Uncle Sam gilt in Europa als Mann, bei dem Schusswaffe, Portemonnaie und manchmal auch die Schrauben im Kopf locker sitzen.

Andererseits ist die Innovationskraft der USA weiter beeindruckend. Wenn die Digitalisierung eine Religion wäre, stünde ihre Kirche im Silicon Valley. Aber die von den USA betriebene Digitalisierung ist keine friedliche Religion; ihre Apostel streben nicht nach Harmonie, sondern nach Dominanz. Ihr kaum verhülltes Ziel ist es, die Märkte der Welt zu beherrschen, die europäische und insbesondere die deutsche Industrie zu entmachten. Google, Apple, Facebook, Tesla und Co. knöpfen sich eine Branche nach der anderen vor, die

Mit Weltfremd-
heit lässt sich
auf Dauer kein
Weltmachtstatus
begründen.

Werbewirtschaft, die Medienindustrie, die Autohersteller und die Banken. Es ist eine asymmetrische Auseinandersetzung, denn Silicon Valley will nicht Karosserien bauen, Bankfilialen bewirtschaften oder Bücher drucken, sondern lediglich die Steuerung dieser Geschäfte übernehmen, die Server betreiben, die Daten verknüpfen, das Bezahlsystem übernehmen. Wenn das gelingt, käme das einer bei lebendigem Leibe vorgenommenen Gehirnverpflanzung gleich. Europa will dafür nicht freiwillig die Patientenverfügung unterschreiben, was wir dem Kontinent nicht verübeln sollten. Europa ist alt, aber nicht dement.

Hinzu kommt, dass die USA ihre Rolle als globaler Garant von Sicherheit und Stabilität nicht mehr effektiv ausfüllen. Die Schutzmacht bietet seit Längerem schon keinen Schutz mehr. Europa sieht sich umzingelt von Unruhestiftern. Und wem der Blick auf die Weltkarte der Konflikte zu mühsam ist, der muss nur bis zur nächsten Flüchtlingsunterkunft laufen, um sich einen Eindruck vom Scheitern der amerikanischen Weltbefriedungspolitik zu verschaffen. Das Nachbeben des »Krieges gegen den Terror« spürt man noch im kleinsten europäischen Dorf. Diejenigen, die 2003 Saddam Hussein beseitigt haben, tragen auch Verantwortung für die Situation von heute, sagt mittlerweile selbst Tony Blair, einst der willige Krieger an der Seite von Bush Junior, heute ein Abtrünniger.

Der Kern dieser Konflikte liegt nicht in den USA, aber erst Amerika hat diesen religiös und kulturell verhärteten Kern der arabisch-islamischen Welt zum Kochen gebracht. Die

> Um sich einen Eindruck vom Scheitern westlicher Weltbefriedungspolitik zu verschaffen, muss man nur bis zur nächsten Flüchtlingsunterkunft laufen.

Amerikaner können sich erkennbar nicht damit abfinden, dass ihre Kultur zwar einzigartig, aber nicht universell ist. Mit religiösem Feuereifer beseitigen sie nicht nur Diktatoren, sie beseitigen vor allem bestehende Ordnungssysteme. Das Machtvakuum in Syrien, Libyen und Irak, das keine nicht-islamische Macht je wird füllen können, wurde erst dadurch zur Brutstätte des internationalen Terrorismus.

Die Solidarisierungseffekte, die Amerikas Islamfeldzug bis heute auslöst, sind von enormer Wucht. Wenn es denn ein einigendes Band zwischen Sunniten und Schiiten gibt, dann ist es ihr Anti-Amerikanismus. Darüber können auch die partiell zustande gekommenen Bündnisse von US-Armee und islamischen Kämpfern nicht hinwegtäuschen. Wie schnell sich Bündnispartner in erbitterte Gegner zurückverwandeln, mussten die USA in Afghanistan erleben. Die Taliban, im Kampf gegen die aus Russland einmarschierte Rote Armee einst mit US-Waffen ausgestattet, zählen heute wieder zu den Rivalen. Die US-Soldaten in Kandahar, Kabul und Mazar-i Sharif schauen in Gewehrläufe amerikanischer Produktion.

Wenn denn die USA aus den vielen Lektionen des Scheiterns lernen würden, bliebe der Welt manches erspart. Aber die USA sind von der post-imperialen Verlusterfahrung direkt in die Trotzphase übergegangen. Die Überforderung hat, Psychologen kennen das, dazu geführt, dass der Patient bockt. Befeuert von patriotischem Pathos, rennen die USA immer wieder gegen dieselbe Stelle der Wand. Sie entfernen sich dadurch weiter von den Menschen anderer Kulturkreise, was das inneramerikanische Bocken nur weiter steigert.

> **Mit religiösem Feuereifer beseitigen die USA nicht nur Diktatoren, sie beseitigen vor allem bestehende Ordnungssysteme.**

Das Zeitalter der Überforderung wird mittlerweile auch in Blutrot geschrieben. Der Krieg gegen den Terror, der den 3.000 Toten von 9/11 weitere 1,3 Millionen hinzugefügt hat, wird als Krieg gegen den Islam geführt. Ohne Respekt vor den Folgen tritt das US-Militär in fremde Kulturkreise ein, zerstört oder schwächt deren ordnende Kräfte, ohne dass ein neues Ordnungssystem an diese Stelle treten würde. Die Bedeutung von Ordnung ist das weithin unverstandene Phänomen der neuzeitlichen US-Außenpolitik. Auch deshalb produziert sie seit Längerem schon Unordnung.

Die Bedeutung von Ordnung ist das weithin unverstandene Phänomen der neuzeitlichen US-Außenpolitik.

Wenn das Vorgehen einer anderen Regierung Amerika nicht passt – zuletzt Putins Überfall auf die Krim –, wird dem Mann erst gedroht, bevor man ihn wegen Uneinsichtigkeit aus dem Klub der führenden Industriestaaten ausschließt. Der Partner ist zum Gegner geworden. Die Grundlage für ein fortgesetztes und sich hartnäckig verfestigendes Nichtverstehen ist damit gelegt. Fortan sind die Argumente beider Seiten hermetisch gegeneinander abgedichtet. Die Tür der Diplomatie klappt zu. So werden aus Gegnern Feinde.

Der Automatismus der Eskalation verlangt nach weiterer Aktivität. Die Weltmacht auf Abruf will sich spüren – und stolpert in die nächste Falle. Ausgerechnet die Nation, die sich so viel auf ihre militärischen Präzisionswaffen zugute hält, wählt nun die ökonomische Schrotflinte. Russland wird mit Wirtschaftssanktionen belegt, die naturgemäß vor allem die Zivilbevölkerung treffen. Geldtransaktionen in den Westen werden erschwert, Investitionen blockiert, Lebensmittelimporte stehen unter Strafe.

Weil die Sanktionen nicht wirken, zumindest nicht zum Abzug des russischen Militärs von der Krim führen, wird das Sanktionsregime so lange verschärft, bis das letzte Mütterchen hinter dem Ural sich dem russischen Präsidenten in die Arme wirft. Der Gewinner der Wirtschaftssanktionen heißt schon nach kurzer Zeit nicht Obama, sondern Putin. Die Menschen in Russland hungern, die Banken taumeln, die Betriebe schreiben Verluste, aber der Mann im Kreml ist obenauf.

> **Die Menschen in Russland hungern, die Banken taumeln, aber der Mann im Kreml ist obenauf.**

Jetzt wird man im Pentagon erst so richtig munter. Ein Stellvertreterkrieg an der Grenze der Ostukraine zu Russland könnte helfen, sagt man. Der hat zwar schon in Vietnam, Angola, El Salvador, Nicaragua, Vietnam und Afghanistan nicht geholfen, aber diesmal wird alles anders sein, versichert man dem außenpolitisch unerfahrenen Präsidenten. Waffenlieferungen an die »Rebellen«, Militärberater für die Regierung in Kiew, Nato-Manöver an der Südgrenze Russlands – jeder Hollywoodproduzent kennt dieses Drehbuch.

Im US-Kongress wird derweil – gewissermaßen als Hintergrundmusik – über die Bewaffnung der Ukraine diskutiert. Der ehemalige Sicherheitsberater Zbigniew Brzezinski empfiehlt, die dortigen Bürger für den Häuser- und Straßenkampf auszurüsten. Da wird es auch für Donald Trump allmählich schwierig, noch eine zusätzliche Eskalationsstufe zu erfinden. Es liegt im Wesen jeder reflexhaften Abfolge von Anschuldigungen, dass sich schon binnen kürzester Zeit Vorwürfe und Gegenvorwürfe derart verknäult haben, dass man kaum mehr zur Lichtung der Tatsachen zurückfindet. Wer hat wen zuerst getäuscht? Begann alles mit dem russischen Einmarsch auf der Krim, oder hat der Westen zuvor die Destabilisierung der Ukraine befördert? Will Russland nach Westen expandieren oder die Nato nach Osten? Oder sind sich hier womöglich zwei Weltmächte des Nachts an derselben Haustür begegnet, getrieben von sehr ähnlichen Beherrschungsabsichten gegenüber einem wehrlosen Dritten, der das nun entstandene Schlamassel mit einem Bürgerkrieg bezahlt?

Wer an dieser Stelle auf Klärung der Schuldfrage pocht, tappt mitten hinein in die Überforderungsfalle. »In der Welt sein, heißt im Unklaren sein«, sagt Peter Sloterdijk. Die Rechthaber aller Länder aber verstehen sich nicht auf Zwischentöne und Farbschattierungen. Ihr Zwei-Punkte-Programm ist von universeller Schlichtheit: Schuldfrage klären, Konsequenzen ziehen. Wobei Konsequenzen hier nur ein anderes Wort für Krieg bedeutet.

»In der Welt sein, heißt im Unklaren sein.«

Diese mechanistische, einer militärischen Logik verpflichtete Art der Konfliktlösung macht alle Aussichten auf einen diplomatischen Erfolg zunichte. Die Doktrin unbedingter Härte führte dazu, dass die USA im Durchschnitt der vergangenen 60 Jahre alle 16 Monate zu einer neuen Bestrafungs- oder Disziplinierungsaktion ausrückten, mit dem Ergebnis, dass die Zahl ihrer Freunde und Partner abgenommen hat, derweil das Lager ihrer Gegner weiter wuchs. Das Festhalten an Härte und Strafe, das selbst in der Kindererziehung empathischeren, man könnte auch sagen, raffinierteren Methoden gewichen ist, führt Amerika schnurgerade in die Erschöpfung, weil die Krisenherde zu- und nicht abnehmen, weil der Hasspegel steigt und nicht sinkt, weil das außenpolitische Scheitern und damit nationale Frustration programmiert sind. Huntington hat der Führung in Washington vorhergesagt, dass es niemals gelingen werde, eine Gesellschaft von einem Kulturkreis in einen anderen zu verschieben. Amerika versucht genau das mit steigendem Ingrimm. Es ist dieser unerfüllbare Anspruch an sich selbst, der mit geradezu naturgesetzlicher Kraft zu einer fatalen Überforderung führt.

Natürlich sind die Gegner Amerikas an Gewalttätigkeit und Entschlossenheit kaum zu überbieten. Aber diese Situation kann historisch keine Exklusivität beanspruchen. Josef Stalin, Nikita Chruschtschow und Leonid Breschnew mit ihrem postkolonial organisierten Ostblock in der Hinterhand und einer nuklear hochgerüsteten Roten Armee waren Gegner von imposanter Statur. Ihr Einfluss, ihr Territorium, ihre Militär- und Wirtschaftskraft überstiegen die von Al-Qaida, ISIS und Hisbollah um ein Vielfaches. Und selbst Putin verfügt – schon weil seit 1990 jeder zweite Sowjetbürger das russische Reich in Richtung Nato, EU oder Unabhängigkeit verlassen hat – nicht mehr über die gleiche Schreckenskraft wie seine Vorgänger.

Doch selbst unter den deutlich zugespitzten Verhältnissen der nuklear hochgerüsteten und historisch sich im Zieleinlauf wähnenden Sowjetmacht ging der Westen anders, und zwar klüger, zu Werke. Die Phase der weltweiten Entspannungspolitik muss im Nachhinein zu den glücklichsten unserer Geschichte gezählt werden, auch wenn dieses Glück im Schatten der nuklearen Abschreckung stattfand.

Ihre Geburtsstunde erlebte diese Spielart der Realpolitik ausgerechnet am Tag nach dem Mauerbau, der in der Nacht vom 12. auf den 13. August 1961 den West- vom Ostteil Berlins amputierte. Was wurde einem Willy Brandt, den das Schicksal als Regierender Bürgermeister Westberlins in den Schatten dieser Mauer gestellt hatte, nicht alles als Knebelungs- und

Bestrafungsaktionen nahegelegt. Doch er verzichtete auf das Festival der Empörungen. An der Schraube der Vergeltung hat er nie gedreht.

Bei der Verleihung des Friedensnobelpreises gab er Auskunft über das, was sich in jenen bewegten Tagen des Mauerbaus rund um ihn abspielte: »Es gab noch einen anderen Aspekt, den der verbal überspielten Ohnmacht. Die Berufung auf Rechtspositionen, die sich nicht verwirklichen ließen. Das Planen von Gegenmaßnahmen für jeweils andere Situationen als die, mit denen man es zu tun hatte. In kritischen Lagen war man auf sich selbst gestellt; die Verbalisten hatten einem nichts zu bieten.«

An der Schraube der Vergeltung hat Willy Brandt nie gedreht.

»Hellwach und zugleich betäubt«, so erinnerte Brandt sich, sei er am Morgen des 13. August des Jahres 1961 aufgewacht. Er befand sich auf Durchreise in Hannover, als ihm aus Berlin von den Arbeiten an einer großen, die Stadt zerteilenden Mauer berichtet wurde. Es war Sonntagmorgen, und größer konnte die Demütigung für einen Regierenden Bürgermeister kaum sein. Niemand hatte ihn vorab informiert, auch nicht die westlichen Alliierten. Von den Sowjets fand er sich vor vollendete Tatsachen gestellt.

»Ohnmächtiger Zorn«, so erinnerte sich Brandt, sei in ihm aufgestiegen. Aber was tat er? Der Mann zügelte seine Ohnmachtsgefühle und bewies nun seine hohe Befähigung zum Realpolitiker, die ihm Jahre später die Kanzlerschaft und schließlich den Friedensnobelpreis einbringen sollte.

Beraten von Egon Bahr, akzeptierte er die neue Lage, wissend, dass keine Empörung der Welt die Berliner Mauer so schnell wieder zum Einsturz bringen würde. Er befahl sogar der Westberliner Polizei, mit Schlagstöcken und Wasserwerfern gegen Demonstranten an der Mauer vorzugehen, um nicht von der Katastrophe der Teilung in die weit größere Katastrophe des Krieges zu schlittern. Er strebte ein Paradoxon an, das Bahr später so formulierte: »Wir anerkannten den Status quo, um ihn zu verändern.«

Das Veränderungswerk gelang. Brandt machte die konkreten Lebensinteressen der ihm anvertrauten Bewohner von Westberlin zum Maßstab der Politik. Er setzte die »Berlinzulage« durch, einen achtprozentigen, steuerfreien Zuschlag zur Lohn- und Einkommenssteuer für die Beschäftigten West-Berlins. Der Volksmund sprach von der »Zitterprämie«. Er rang Ostberlin ein Passierscheinabkommen ab, das die Mauer noch im Jahr ihres Entstehens wieder durchlässig machte. 730.000 Berlinerinnen und Berliner nahmen Wartezeiten bei der Antragstellung in Kauf und nutzten das Abkommen zu rund 1,2 Millionen Besuchen in Ost-Berlin.

Die Wähler merkten, dass hier ein Mann wirkte, der ihr alltägliches Leben erreichen wollte, nicht nur die Schlagzeile vom nächsten Morgen. In nahezu auswegloser Lage setzte der Sozialdemokrat westliche Werte durch – in diesem Fall den Wert der Freizügigkeit –, ohne Megafon, ohne Sanktionen, ohne Gewaltandrohung. Worte, die man in der Politik so noch nie gehört hatte, drangen ans Ohr der Elite in Washington: Mitgefühl, Wandel durch Annäherung, Dialog, Interessenausgleich. Und das mitten im Kalten Krieg, wo doch die Weltmächte sich gegenseitig anzugiften hatten, wo das Drehbuch den Austausch von Protestnoten vorsah: Ultimaten setzen, See-Blockaden veranstalten, Stell-

Werte, von denen man in der Politik noch nie gehört hatte, drangen ans Ohr der Elite in Washington: Wandel durch Annäherung, Dialog, Mitgefühl.

vertreterkriege führen, das war die Bestimmung des Kalten Krieges.

Die Amerikaner – zunächst Kennedy, nach dessen Ermordung Johnson, später Nixon – folgten dem Deutschen und seiner Leitidee von »compassion«, die nicht mit rührseligem Mitgefühl zu verwechseln ist, sondern auf der politischen Fähigkeit beruht, sich in den Gegner hineinzudenken. So begann ein Prozess, der in der jüngeren Geschichte verfeindeter Völker ohne Beispiel ist. In Helsinki traf man sich, um die neuen Spielregeln festzulegen. Der Sowjetunion sicherte man die »Nichteinmischung in die inneren Angelegenheiten« zu, was KP-Chef Leonid Breschnew mit Genugtuung erfüllte und Franz Josef Strauß den Puls hochtrieb. Im Gegenzug musste die Moskauer KP-Führung dem Westen und damit den eigenen Zivilgesellschaften die »Achtung der Menschenrechte und Grundfreiheiten, einschließlich der Gedanken-, Gewissen-, Religions- und Überzeugungsfreiheit« garantieren.

Der Kommunismus hatte eine territoriale Ewigkeitsgarantie erhalten, aber innerhalb seiner Grenzen gärte die Hefe der universellen Menschenrechte.

So wurde die »Nicht-Einmischung« durch »Einmischung« erkauft. Der Kommunismus hatte eine territoriale Ewigkeitsgarantie erhalten, aber innerhalb seiner Grenzen gärte die Hefe der universellen Menschenrechte.

Einen vergleichbar lichten Moment erlebte die amerikanische Außenpolitik unter dem Gespann Nixon/Kissinger. Nach 25 Jahren der selbst verordneten Abstinenz schickte der neu gewählte Präsident im Juli und Oktober 1971 seinen Außenminister Henry Kissinger zu Geheimgesprächen mit Premier Zhou Enlai nach Peking. Es ging darum, die Zeit der Sprachlosigkeit zu beenden und mit dem kommunistischen Riesen-reich des Mao Zedong, einem bekennenden Nicht-Mitglied im Klub der westlichen Wertegemeinschaft, in Austausch zu treten – aus Neugier, aus Weitsicht, ohne Vorbedingungen.

Mao war ein Steinzeitkommunist mit hohem Brutalitäts-gehalt, seine Industriepolitik des »Großen Sprungs« brachte Millionen Chinesen den Tod. Doch die neue amerikanische Administration, an der Spitze Präsident Richard Nixon, fragte nicht nach der Vergangenheit, sondern war zukunftsversessen. Henry Kissinger setzte die Annäherungspolitik durch, auch wenn ihm das die lebenslange Feindschaft des rechten Flü-gels der Republikaner einbrachte. Mit dem Wort »Realpolitik« versuchte man, ihn zu erledigen, warf ihm Werteverrat und Anbiederei vor. Die strategische Weitsicht seiner Chinapolitik, die bis in die Führung der Sowjetunion hinein wirkte, und zwar so wirkte, dass man nun seinerseits auf Annäherung zu Amerika bedacht war, wurde erst Jahrzehnte später erkannt. Die Sowjets nahmen sich die Chinesen zum Vorbild, schon um einen kommunistischen Bruderkrieg um die Frage, wie hältst du es mit Amerika?, zu vermeiden. Kissinger und Brandt ar-beiteten an unterschiedlichen Enden desselben Werkstücks. Kissinger nannte es später »ein Erfordernis der Zeit«.

Die Erfahrungen dieser fruchtbaren Phase westlicher Au-ßenpolitik sind nicht verschwunden, aber verschüttet. Das überforderte Amerika von heute will sich nicht seiner selbst erinnern. Der Präsidentschaftswahlkampf des Jahres 2016 wird vor allem auf Seiten des Immobilienkönigs Donald Trump als Festival des Bellizismus gefeiert. Die Schlüsselworte sind nicht Annäherung, Zusammenarbeit und Wandel, sondern Krieg und Konfrontation. »Wann haben wir zum letzten Mal China geschlagen?«, fragt er auf seinen Versammlungen. Die

Stimmung wird weiter aufgeheizt. Das Trump-Amerika will streiten, nicht schlichten. Die militärischen Misserfolge im Nahen und Mittleren Osten haben es nicht demütig, sondern rachsüchtig gemacht.

Für Europa macht es keinen Sinn, einer strategisch kurzatmigen Weltmacht hinterherzulaufen. Man sieht doch, wie Amerika schlafwandlerisch auf das Schild zusteuert auf dem steht: kein Ausweg.

Für Europa macht es keinen Sinn, einer strategisch kurzatmigen Weltmacht hinterherzulaufen.

»Der Test für die Politik ist nicht, wie etwas beginnt, sondern wie es endet«, sagt Kissinger. Wir sollten Versöhnung wollen, nicht Dominanz, rät er. Er fordert dazu auf, Konflikte zu kondensieren, sie zu verkleinern und einzudampfen, um dann das Konzentrat einer Lösung zuzuführen.

Ein weltpolitisch überfordertes Amerika macht derzeit und seit Längerem schon das Gegenteil. Konflikte werden nicht kondensiert, sondern hochgekocht. Nicht die außenpolitische Nachdenklichkeit gewinnt an Zuspruch, sondern das Lager derer, die sich aufs Ausgrenzen und Ankeifen verstehen, verzeichnet Geländegewinne. Nato-Einheiten an die polnische Grenze oder ins Baltikum verlegen, über eine Bewaffnung der Ukraine nachdenken, die Einsätze in Afghanistan und Irak verlängern, mit eigenen Truppen in den syrischen Bruderkrieg zwischen Sunniten, Alawiten, Schiiten und Kurden eingreifen bedeutet eine Fortsetzung der diplomatischen Ideenlosigkeit mit militärischen Mitteln. Die USA überfordern sich auch deshalb, weil die eingesetzten Mittel nicht zu den angestrebten Zielen passen. Die Drohne taugt nicht als Botschafter der Freiheit. Es dürfte weltweit keinen Menschen geben, gleichgültig welchen Glaubens, der sich mit durchgeladener Maschinenpistole und in Erwartung eines Genickschusses für die Werte von Freiheit, Gleichheit und Brüderlichkeit begeistern lässt. Diese Art des Werteexports kehrt in Gestalt von Selbstmordattentätern zum Absender zurück. So wächst nicht der Einfluss der Amerikaner, sondern ihre Ohnmacht. So steigt nicht die Zahl ihrer Freunde, sondern lediglich die Zahl derer, die hassen.

Die Drohne taugt nicht als Botschafter der Freiheit.

Wenn denn die militärische Mechanik von Angriff und Gegenangriff zum gewünschten Erfolg führen würde, hätten die Falken ein Argument auf ihrer Seite. Aber genau dieser Erfolgsausweis fehlt. Die herrschende Militärpolitik, das ist der Befund, verfehlt die Wirkung auf ihrem ureigenen Terrain, dem der Machtpolitik. Die unbequeme Wahrheit lautet, dass die klassischen Instrumente der Machtpolitik – Drohen, Ultimaten setzen, Sanktionen aussprechen, militärische Operationen starten – in der asymmetrischen Welt der multikulturellen Vielfalt nicht mehr zum gewünschten Ziel führen. Jeder abgefeuerte Schuss eines amerikanischen Soldaten ist ein Schuss ins eigene Knie.

Der Zweite Weltkrieg war der letzte erfolgreiche Einsatz der US-Armee, der mit Niederlage, Regimewechsel und Neuaufbau endete. Seither hat – mit Ausnahme vielleicht des von General Schwarzkopf geführten Blitzkrieges in Kuwait – keine militärische Operation mehr einen westlichen Wunschfrieden hervorgebracht. Die Niederlage von Vietnam war nicht, wie damals viele glaubten, die Ausnahme, sondern die neue Regel. Der Vietcong von heute heißt Islamischer Staat, Taliban, Al-Nusra-Front, Boko Haram oder Hisbollah. In Irak, Libyen, Pakistan und Afghanistan haben die Einsätze des US-Militärs die Lage nicht befriedet, sondern im Gegenteil das Alltags-

Jeder abgefeuerte Schuss eines US-Soldaten ist ein Schuss ins eigene Knie.

leben der betroffenen Nationen chaotisiert und brutalisiert. Die Flüchtlingskrise Europas ist der sichtbare Ausdruck einer politischen Illusion, die in Washington ihren Ausgang genommen hat.

So wirkt die militärische Mechanik auf den zurück, der sich ihrer bedient. Der Andere wird nicht geschwächt, sondern gestärkt, wie wir in der islamischen Welt studieren konnten. Und dennoch glauben viele Mitglieder der globalen Elite, sie besäßen keine andere Wahl, als Konflikt mit Konflikt, Gewalt mit Gewalt, Angriff mit Angriff, Hass mit noch größerem Hass, Propaganda mit Gegenpropaganda und Zerstörung mit einer noch gewaltigeren Zerstörung beantworten zu müssen.

Diese militärisch dominierte Logik der Außenpolitik hat noch einen Nachteil, der mehr ist als ein Schönheitsfehler. Indem wir unsere Werte mit Gewalt verteidigen, beschädigen wir sie. Der Wettstreit, wer im Töten des Andersdenkenden die größere Wucht entfalten kann, ist für den Westen nicht zu gewinnen. Der Gegner wächst, wir schrumpfen: moralisch, rechtlich und eben auch in den Kategorien der klassischen Machtpolitik. Die negative Energie, die wir in Richtung Russland, Teheran oder Damaskus schicken, entlädt sich dort nicht, sondern kehrt angereichert zu uns zurück. So haben wir überall im Westen unruhige, schlecht gelaunte und überforderte Gesellschaften geschaffen. Nur das, was eigentlich versprochen und beabsichtigt war, die Lösung oder doch zumindest Linderung von Konflikten, bleibt aus.

Wer also erkennen will, der erkennt: Das alte Navigationssystem, entwickelt in Zeiten der Blockkonfrontation zwischen Amerika und der Sowjetunion, verfeinert in den Jahren amerikanischer Dominanz nach Mauerfall und Ostblock-Implosion, leistet keine guten Dienste mehr. Es wäre eine Untertreibung zu sagen, dass ein neues Navigationssystem bisher nicht gefunden wurde. Das wahre Unglück unserer Zeit liegt in der Tatsache begründet, dass das heutige Amerika nicht einmal danach sucht. Ausgerechnet die Nation der Siedler und Pioniere, angetreten mit dem Vorsatz, die »New Frontier« immer wieder in Richtung einer besseren Welt zu verschieben, ist in ihrem geopolitischen Denken zum Stillstand gekommen. Richtig ist: Amerika wird durch andere herausgefordert. Aber genauso richtig ist: Die Überforderung fügt das Land sich selbst zu. Wir erleben eine Weltmacht, die nicht von anderen zu Fall gebracht wird, sondern dabei ist, über die eigenen Füße zu stolpern.

Der Wettstreit, wer im Töten des Andersdenkenden die größere Wucht entfalten kann, ist für den Westen nicht zu gewinnen.

EUROPA
Ein Kontinent
wird gespalten

Von der Vaterlandsliebe führen viele Wege zum Krieg. Die Herrscher der europäischen Nationalstaaten kannten sie alle. Jahrhundertelang versuchten sie, ihre Probleme mit Gewalt zu lösen, arbeiteten erst mit Speer, Daumenschraube und Streckbank, später dann im Windschatten der industriellen Revolution mit Dynamit, Phosphor und Unmengen von Chlorgas. Bevor man der Diplomatie freiwillig auch nur einen Spaltbreit die Tür öffnete, zog man lieber in einen »Eventualpräventivkrieg«, wie sich Großadmiral Alfred von Tirpitz, Chef des kaiserlichen Marineamtes, auszudrücken pflegte.

Wenn es denn eine europäische Gemeinsamkeit gab, dann war es die unbändige Lust, sich gegenseitig den Kopf einzuschlagen. Die Kelten gegen die Römer, die Römer gegen die Gallier, die Franken gegen die Sachsen, die Österreicher gegen die Franzosen, die Preußen gegen die Österreicher, Spanier gegen Briten, Schweden gegen Russen, Russen gegen Polen, Böhmen gegen Pfälzer, Wallonen gegen Flamen, Napoleon gegen das übrige Europa und Deutschland gegen die ganze Welt. Wer sich die Sensibilität des historischen Hinhörens erhalten hat, der vernimmt des Nachts die Schreie der geschundenen Kreaturen aus den Hochburgen der europäischen

Unmenschlichkeit: Leipzig, Waterloo, Austerlitz, Verdun, Dünkirchen, Bitburg, Stalingrad, Ausschwitz, Bergen-Belsen, Majdanek, Danzig, Warschau, um nur einige der Orte zu nennen. Die europäische Geschichte von ihren frühesten Anfängen bis zum 8. Mai 1945 war eine Geschichte von Krieg und Gräueltat.

Die europäische Geschichte von ihren frühesten Anfängen bis zum 8. Mai 1945 war eine Geschichte von Krieg und Gräueltat.

Als Ort von Brauchtumspflege und familiärer Gemütlichkeit diente die Nation allenfalls in den seltenen Zwischenkriegszeiten. Da leckte man die Wunden und las sich Gedichte vor. Doch kaum kehrten die Lebenssäfte und das Frühjahr zurück, schlug man wieder gegen den Anderen los.

In der europäischen Wirklichkeit war die »heilige Nation« oft nicht viel mehr als eine Gruppe von Menschen, die den Nachbarn erniedrigte, um sich selbst zu erhöhen. Die Begriffe, die den europäischen Bürgerkrieg prägten, wurden den Untertanen nicht nur ins Gedächtnis, sondern direkt in die Haut eingebrannt: Viele hatten nur zu wählen zwischen Vernichtung oder Vertreibung.

Wenn der Nationalismus die Kinderkrankheit der Welt ist oder, wie Albert Einstein sich ausdrückte, »die Masern der Menschheit«, dann waren Europas Wangen permanent rot gefleckt. Auch die Intellektuellen fieberten mit. »Der Krieg ist groß und heilig«, rief Max Weber am Vorabend des Ersten Weltkriegs, was er später als »unverantwortliches Literatengeschwätz« bezeichnen sollte.

Der Zweite Weltkrieg setzte dem Treiben die Dornenkrone auf; das Töten ging in Serie, wurde nun mit industrieller Präzision betrieben. Vorbereitet durch die nationalsozialistische Verrohung der Verhältnisse kam es zur Entmenschlichung des Menschen. In den Vernichtungslagern der Deutschen, wo tollwütig gewordene Rassisten und Ideologen jedem, der ihnen nicht passte, auch Kindern, Alten und Gebrechlichen, Kranken und Behinderten, nach dem Leben trachtete, unterbot der Mensch das Tier. Der Holocaust war ein Zivilisationsbruch, der bis heute nachwirkt. Rund 80 Millionen Tote – mehr als die gesamte europäische Population im ausgehenden 17. Jahrhundert – hinterließen die beiden Weltkriege. Es gibt keine globale Seuche – Malaria, Typhus und Aids mitgerechnet –, die es in ihrer todbringenden Kraft mit der mörderischen Kriegslust der damaligen Zeit aufnehmen könnte. Erst mit der Kapitulation von Hitler-Deutschland und dem Einmarsch von Russen, Franzosen, Briten und Amerikanern nach Deutschland war die große Raserei beendet, und Europa kam zur Besinnung. Nur noch ab und zu – erst auf dem Balkan und neuerdings in der Ost-Ukraine – schlägt die alte Glut neue Flammen.

In der europäischen Wirklichkeit war die »heilige Nation« oft nicht viel mehr als eine Gruppe von Menschen, die den Nachbarn erniedrigte, um sich selbst zu erhöhen.

Mit der Befreiung der Konzentrationslager und der Niederlage von Hitler-Deutschland war den Eliten in Paris, London, Rom, Wien und Bonn klar geworden, dass es wie bisher nicht weitergehen konnte. Falls doch, würde es bald keine Eliten mehr geben. Nahezu alle Nobelpreisträger und Kunstschaffenden von Rang waren ohnehin geflüchtet oder ermordet worden. Deutschland, die geografische Mitte des Kontinents, lag in Trümmern. Die Zivilbevölkerung Europas war in weiten Teilen traumatisiert. Ökonomisch, politisch, kulturell hatten sich die Gewichte in Richtung Amerika verschoben, das erst jetzt zur Weltmacht aufstieg. Militärisch stand der halbe Kontinent unterm russischen Stiefel. Es war, als hätte die Erde die Sonne verschluckt.

»Nie wieder Krieg«, sagten die Überlebenden daher im Mai 1945. Was hätten sie auch sonst sagen sollen? Die europäische Geschichte hatte gesprochen. Der europäischen Idee schlug die Stunde. Die Baumeister des neuen, friedlichen Europas seien die Franzosen Robert Schuman und Jean Monnet, heißt es im Schulunterricht. Aber der wahre Architekt des Neuen war das blutige Scheitern des Alten. Bis heute besteht das europäische Haus vor allem aus jenen Bauteilen, auf denen in Großbuchstaben steht: NIE WIEDER!

Der wahre Architekt des neuen Europas war das blutige Scheitern des alten.

Europa wurde konzipiert als eine Besserungsanstalt für fehlgeleitete Patrioten, seine Institutionen sollten als überdimensionierter Sicherungskasten gegen die Stromschläge eines wahnwitzig gewordenen Nationalismus funktionieren. Der Kern vom Kern der europäischen Idee war der Selbstschutz für einen Kontinent, der pathologische Züge aufwies und nachweislich zu Selbsthass bis hin zu Autoaggression neigte.

Die Verträge von Lissabon, jenes Dokument, das einer europäischen Verfassung am nächsten kommt, wollen denn auch nicht das größtmögliche Glück des Einzelnen fördern, wie es sich die amerikanische Verfassung vornimmt, sondern vor allem die Wiederkehr des kollektiven Unglücks verhindern. Das neue Europa soll das Diapositiv zum bisherigen Dianegativ sein. Lauteten die Leitvokabeln der alten Eliten »Vaterland«, »Mobilmachung« und »Krieg«, traten an diese Stelle nun die Worte »Freiheit«, »Gemeinschaft« und »Harmonisierung«. Nicht nur der Nationalismus, sondern die

Nation selbst müsse überwunden werden, so der Grundgedanke. Das weltgrößte Programm zur Vereinheitlichung von Politik, Wirtschaft und gesellschaftlichem Leben begann. Das Wort »Vergemeinschaftung« startete seine Karriere.

Das weltgrößte Programm zur Vereinheitlichung des gesellschaftlichen Lebens begann.

Hier nun drücken sich die sozialistische und die europäische Idee lautlos die Klinke in die Hand. Ohne sich abgesprochen zu haben, folgen beide einem Denkfehler, der die gute Absicht erst konterkariert, um sodann zerstörerisch auf sie zurückzuwirken.

Die Sozialisten in Europa wollten nach dem Zweiten Weltkrieg die Ungerechtigkeiten des Kapitalismus dadurch beenden, dass sie den Kapitalisten abschafften. Er war für sie der Dämon eines fehlerbehafteten Systems und wurde daher zum Ausbluten freigegeben. Das Ergebnis dieses Menschheitsexperiments ist bekannt. Es kam zur Überforderung der Wirklichkeit durch die Theorie.

Erreicht wurde das exakte Gegenteil dessen, was man zu erreichen vorgab: Die Gesellschaften im Einzugsbereich der Sozialistischen Sowjetrepubliken verarmten, die betroffenen Volkswirtschaften in Ungarn, Polen, der Tschechoslowakei, Bulgarien, Rumänien und dem Ostteil von Deutschland erstickten unter Planvorgaben und politischen Direktiven, der Unternehmergeist verflüchtigte sich, eine Kultur von Offenheit und Innovation konnte so nicht entstehen. Der »sozialistische Mensch« in den Ländern Osteuropas erzeugte nach fast sieben Jahrzehnten seines Daseins nur noch die Hälfte des Wohlstandes, den der Produktionsapparat in Westeuropa ausstieß. Die Erträge der Landwirtschaft in den sozialistischen Volksrepubliken reichten kaum, die eigene Bevölkerung zu ernähren. Politisch ließ sich das System nur noch durch den vermehrten Einsatz von Spitzeln und Polizeikräften über die Runden retten. Alles hatte man den Menschen von Moskau bis Sofia am Ende genommen, nur nicht ihren Humor. Frage: Was ist eine Ölsardine? Antwort: Ein Wal, der alle Stationen des sozialistischen Aufbaus erfolgreich absolviert hat.

Die europäische Idee wurde von machtbewussten Bürokraten gekapert.

Der europäischen Idee droht ein ähnliches Schicksal. Eine Gruppe von machtbewussten Bürokraten, die sich selbst »die Europäer« nennen, hat sie dem Volk entwendet, so wie Nikita Chruschtschow und Leonid Breschnew einst die sozialistische Idee für ihre Ziele kaperten. Beide Tätergruppen arbeiten, bei allen Unterschieden in Herkunft und Gesinnung, nach demselben Schlachtplan: Erst besetzt man die positiv besetzten Begriffe, danach die Institutionen. Zunächst dient man sich dem Publikum als Menschenfreund an – Nie wieder Krieg! Es lebe die soziale Gerechtigkeit! –, um sodann mit der Ausgrenzungsarbeit zu beginnen. Wer eine unbequeme Frage stellt, wird schief angeschaut; wer zwei kritische Fragen stellt, wird an den Rand gedrängt. Dort firmiert er fortan als Anti-Sozialist oder Anti-Europäer, was im Grunde auf dasselbe hinausläuft. Umgeben von einer »Unzahl von Sprech-, Denk- und Frageverboten«, so der Soziologe Wolfgang Streeck, kommt es gerade in der Europadebatte »zur routinemäßigen Exkommunikation von Zweiflern«. Die Größe der Idee begründet die Härte der Ausgrenzung. Die Idiotie der Nationalismen in den Kriegs- und Vorkriegszeiten, so das Narrativ, will man nun dadurch beenden, dass man dem Nationalstaat an die Gurgel geht. Auf dem Verordnungswege wird zugedrückt.

Dies ist insofern einfach, da die »Nation« – ebenso wie der »Patriotismus« – derart diskreditiert ist, dass keiner es bei Strafe der Exkommunikation wagt, dem Nationalstaat noch eine Bedeutung zuzumessen – nicht einmal als soziokulturell gewachsene Einheit oder als Verfassungspatriotismus.

Den Ausgang der Geschichte kann heute jeder beobachten. Der Nationalstaat darf nicht mehr bestellen, aber soll noch bezahlen. Er hat zu funktionieren, aber nicht mehr viel zu sagen. Er ist für die Folklore, das Dekorative und Anmutige, zuständig, solange sich in Europa noch kein eigenes Staatsvolk mit Hymne, Sprache, homogener Kultur und einheitlicher Haushaltskasse gebildet hat. Seine Tage sind gezählt, er schnappt nach Luft. Wäre der Nationalstaat ein Mensch, müsste man nach dem Notarzt rufen.

Die Geschichte des vereinten Europas ist die Geschichte einer Souveränitätsübertragung, abzulesen an der fortwährenden Entkräftung der Nationalstaaten. Vom ursprünglichen Ziel, einem Europa der Vaterländer, einem Miteinander in Vielfalt, das in der Metapher von den »Vereinigten Staaten von Europa« seinen Ausdruck fand, hat man sich in Brüssel verabschiedet, ohne dass darüber je gesprochen oder gar abgestimmt wurde. Das neue, nie erklärte Ziel ist der europäische Einheitsstaat, eine westliche Sowjetunion, die als große Homogenisierungszentrale in alle Teilrepubliken hineinwirkt.

Die neuen Sowjets sehen zuweilen aus wie unsere EU-Kommissare. Auf dem Dienstweg versuchen sie, den Bürgergesellschaften den Patriotismus auszutreiben. Sie wollen uniformieren und homogenisieren, die Glühbirne und den Duschkopf, das Kondom und das Steuersystem, und – auch wenn sich

Wäre der Nationalstaat ein Mensch, müsste man nach dem Notarzt rufen.

niemand traut, das in eine Verordnung zu schreiben – auch den Menschen. An die Stelle des »sozialistischen Menschen« tritt nun der »europäische Mensch«.

Die neuen Herren treten gänzlich anders auf als die alten. Sie tragen zivil und keinen Soldatenrock. Sie sind die Meister des Kammertons, hassen das Wilde und Deutliche, erst recht, wenn sie sich auf dem Marktplatz oder im Audimax der nächstgelegenen Universität zu Wort melden. Sie lieben das wohltemperierte Klima der bürokratischen Tiefebene, fallen vor allem dadurch auf, dass sie nicht auffallen wollen. Sie sprechen die Sprache der Amtsstube, meiden die Extravaganz der eigenen Idee. Europa können sie sich nicht anders vorstellen als eine große Normierungsanstalt.

Auf den Euro-Scheinen fand dieser Hang zum Anonymisieren und Sich-bedeckt-Halten seinen grafischen Niederschlag. In den Ausschreibungsunterlagen für das Design der Banknoten hieß es: Alle Entwürfe sollten »die Gleichstellung von Mann und Frau berücksichtigen und jede Art nationaler Voreingenommenheit vermeiden«. Damit schieden die Väter der europäischen Idee genauso aus wie Künstler und Bauwerke, die schwerlich ihre nationale Herkunft hätten verleugnen können. Aristoteles, Michelangelo, Picasso, Mozart und Goethe, aber auch der Arc de Triomphe, das Brandenburger Tor und der Petersdom in Rom sind durch das Monokel des neuen europäischen Menschen betrachtet wenig mehr als überholte Restbestände des Nationalen. Also entschied man sich, auf der Vorderseite der Banknoten fiktive Tore und Fenster abzubilden, die »den Geist der Offenheit und der Zusammenarbeit« symbolisieren. Auf den Rückseiten sehen wir imaginierte Brücken, die uns an die »Verbundenheit zwischen den Völkern« erinnern sollen.

Dieses Leugnen des Tatsächlichen, des Historischen wie des Politischen, darf nicht verwechselt werden mit Machtabstinenz. Die EU-Kommission ist mächtiger als jedes Ministerium, was man schon daran erkennt, dass man die 28 Kommissare weder wählen noch abwählen kann. Diese Exekutive untersteht keinem Volk und keiner parlamentarischen Instanz, womit das Urprinzip der Demokratie aufgehoben ist. Nicht nur Intellektuelle wie Hans-Magnus Enzensberger empfinden das Europa der Brüsseler Apparate als »Monster«. Institutionen, die keiner kennt, funktionieren nach Mechanismen, die keiner versteht, und der gesamte Prozess wird beherrscht von Menschen, die sich niemals einer Wahl stellen müssen. Herz und Hirn EU-Europas schlagen in der Kommission und sind von dort nur lose mit den parlamentarischen Gliedmaßen verbunden, deren Parlamentarier im Gewimmel der Tagespolitik epileptisch vor sich hin zucken. Sie gehorchen nicht dem Zentrum, so wenig wie das Zentrum auf sie hört. Die beiden Gewalten sind weitgehend entkoppelt. Europa hat mit der EU eine imposante Fassadendemokratie begründet.

Wieder drängt sich der Vergleich mit den Sozialisten auf. Auch sie hielten das Ziel für wichtiger als den Weg, schufen demokratische Scheininstanzen. »Es muss demokratisch aussehen, aber wir müssen es in der Hand haben«, gab SED-Chef Walter Ulbricht beim Aufbau der DDR als Parole aus. Zu diesem Gedanken könnten Jean-Claude Juncker und sein Kabinett der Kommissare synchron die Lippen bewegen. Für die Eliten in Brüssel sind der europäische und der sozialistische Bürger Brüder im Geiste, also ihrem Wesen nach Wichtel. Sie sollen zuhören und nicht sprechen; sie sollen folgen, nicht führen. Von ihnen wird Gehorsam bis ins Lakaienhafte erwartet. Das eben eint die Ideologien, dass sie zu großformatig sind, als dass der einzelne Mensch in seiner Unvollkommenheit an sie heranreichen könnte. Das Gute kommt im Falle Europas nicht von innen, sondern von oben. Das Europäische Haus wird vom Dach her gebaut.

Für die Eliten in Brüssel ist der europäische Bürger seinem Wesen nach ein Wichtel. Von ihm wird Gehorsam erwartet.

Hannah Arendt konnte das heutige EU-Europa nicht kennen. Aber mit ihrem Röntgenblick für politische Machtstrukturen durchschaute sie den betrügerischen Charakter der neuzeitlichen Politik, der sich der Herrschaft des Volkes kunstvoll zu entziehen sucht:

»Es ist nicht ein Übermaß an Politik, das unsere Demokratien bedroht, sondern ein tragisches Defizit, da sie das Handeln dem einzelnen Staatsbürger entziehen und es monopolistisch in die Hände der Herren des Konsenses legen. Auf diese Weise werden die Perversion der Politik und schließlich ihre Verdunkelung und ihr Ableben hervorgebracht.«

Die heutigen EU-Europäer, das ist die schmerzhafte und für viele kaum annehmbare Erkenntnis, sind keine überzeugten Demokraten; jedenfalls ist ihre demokratische Leidenschaft nicht in gleicher Weise tief. Sie lieben die beruhigende Wirkung der Paragrafen mehr als das Eruptive der Demokratie. Ihr Europa ist und bleibt eine Besserungsanstalt für überhitzte Nationalisten. Die Partizipation der Massen, die immer auch das Risiko einer plebiszitären Erhebung in sich trägt, halten sie nicht für die Erfüllung demokratischer Sehnsüchte, sondern für eine Gefahrenquelle. Die Möglichkeit der Unmöglichkeit des eigenen politischen Wollens schreckt sie über alle Maßen. Sie hassen Unordnung und Umwege, oder was sie dafür halten.

Die Brüsseler Elite misstraut dem Souverän nicht nur, sie verachtet ihn. Man erkennt das daran, dass sie auf seine Kritik nicht reagiert, nicht einmal mit Symbolik. Das System ist in hohem Maße druckunempfindlich, es schafft im Gegenteil immer neue Privilegien für diejenigen, die ihm angehören. Über 10.000 Mitarbeiter der EU-Kommission verdienen mehr als die britische Premierministerin Theresa May. In riesigen Shopping-Malls, die sich im Innern der EU-Institutionen befinden, darf zoll- und steuerfrei eingekauft werden. Die soziale Absicherung im Falle von Krankheit, Arbeitslosigkeit und Alter ist europaweit ohne Beispiel. Die höchste Besoldungsstufe in Deutschland ist B11 mit 12.360 Euro, im Vergleich zur höchsten Besoldungsstufe AD16 innerhalb der EU mit einer Besoldung von rund 16.000 Euro.

> **Über 10.000 Mitarbeiter der EU-Kommission verdienen mehr als die britische Premierministerin Theresa May.**

Das »Denken ohne Geländer«, wie es Hannah Arendt einem aus Apathie erwachten Bürgertum empfiehlt, ist für den EU-Adel der Alptraum. Es würde dem Europa der Verordnungen und Verfahren jene Berechenbarkeit nehmen, die man in Brüssel so schätzt. Demokratie ist in der EU daher nicht viel mehr als eine dekorative Zutat, die man nicht aus innerer Überzeugung, sondern als Zugeständnis an den Publikumsgeschmack bei den Planungen berücksichtigt hat. Sie erfüllt die Funktion von Rosenspalier und Stuckdecke auf den Schlössern des Barock, die für Grandezza sorgen sollten. Hübsch anzusehen, aber nicht notwendig; kein tragendes Bauteil, auf ewig Dekor.

Die Geschichte der EU ist die einer beispiellosen Verge-
meinschaftungshast: Von Jalta eilte die nun tonangebende
Klasse schnurgerade zur Stahl-und-Kohle-Gemeinschaft,
vom Binnenmarkt weiter nach Schengen, um von dort zur
Einheitswährung zu gelangen, die wenig später zur seriellen
Fabrikation von Rettungsschirmen und der Gründung einer
europaweiten Bankenunion zwang. Die Vielfalt insbesondere
der Wirtschafts-, Finanz- und Sozialpolitiken erfährt durch
ein ausgefeiltes EU-Vergemeinschaftungsprogramm ihre europäische Verdichtung.

Und wann immer zwischendurch eine Hand frei war,
versuchte Brüssel auch das Alltagsleben zu harmonisieren,
in Richtlinie 2001/45/EG sogar den gesunden Menschenver-
stand: »Leitern sind so aufzustellen, dass sie während der Benutzung standsicher sind.«

Nirgends ist man weiter weg von Europa als in Brüssel.

Eine 14-seitige Richtlinie befasst sich
mit der »umweltgerechten Gestaltung von
Haushaltslampen und gebündeltem Licht«
und endet mit dem Verbot der Glühbirne, die in
Europa nur noch auf dem Schwarzmarkt erworben werden
kann. Stellvertretend für uns Bürger tippt sich Hans-Magnus
Enzensberger in »Sanftes Monster Brüssel oder die Entmach-
tung Europas« an den Kopf: »Ist das Gewissenhaftigkeit? Ist
es Schikane? Dummheit? Willkür? Oder die leicht sadistisch
angehauchte Wollust des Befehlens und Verbietens?«

Nirgends ist man weiter weg von Europa als in Brüssel. Für
Dinge, die es nicht bis zur Regulierung schafften, gelten die
Empfehlungen des »Europäischen Komitees für Normung«,
das – um nur einen Einblick in die Schaffenskraft dieses or-
well'schen Normenkontrollrates zu gewähren – für Kondome
eine Länge von mindestens 16 Zentimetern und einen Durch-

messer von 4,4 Zentimetern empfahl. Die entscheidende Nachtsitzung, in der Italiener, Franzosen und Deutsche, mutmaßlich anhand eigener »anecdotal evidence«, um die letzten Zentimeter rangen, kann man sich nur als Farce vorstellen.

Wenn derartige Normierungvorschriften die Ausnahme von der Regel wären, gehörten sie ins Repertoire der Komödianten, aber nicht in dieses Buch. Aber sie sind nicht die Ausnahme, sondern sie sind die Regel. Es gibt kein Gemeinwesen auf dieser Erde, das halb-planwirtschaftliche China eingeschlossen, das im Hervorbringen neuer Anweisungen eine solche metastasenartige Produktivität hervorgebracht hat. Der Souverän ist zum Handlanger des EU-Adels geworden. Die Bürokratie dominiert die Demokratie, was von unseren Verfassungsvätern so nicht vorgesehen war. Jürgen Habermas spricht vom »Muster einer postdemokratischen Herrschaftsausübung«.

Die Bekömmlichkeit dieser Entwicklung darf man in der Hauptstadt der EU nicht bezweifeln. Der Zweifel gilt hier als Gotteslästerung. Das europäische Projekt besteht in den Augen seiner Hohepriester gerade darin, die Summe aller nationalen Andersartigkeiten zu schleifen und damit den europäischen Völkern ihre Sündhaftigkeit auszutreiben. Deshalb nahm man sich bei Gründung der Europäischen Gemeinschaft nichts Geringeres vor als »die Überwindung der Nationen« inklusive der Erschaffung des »europäischen Menschen«, wie sich der erste Kommissionspräsident Walter Hallstein 1964 in schöner Offenheit ausdrückte. Seither werden die Gesellschaften, ohne allzu viel Rücksicht auf regionale Tradition und demokratische Gepflogenheit, zu einem großen Ganzen

Der Zweifel an der EU gilt in Brüssel als Gotteslästerung.

verdichtet, bis ihre spezifischen Eigenschaften sich annähern oder – besser noch – gleichen.

Dabei ist der Kontinent, um den es hier geht, nicht mal als Kontinent eine feste Größe. Gehört Russland schon dazu und die Türkei noch? Betritt man mit den Karpatendörfern Rumäniens wirklich europäischen Boden oder eine vormoderne Zivilisation, wo die liebenswerten Bewohner gottesfürchtig vor ihren Lehmhäusern hocken und der Hirtenhund vom Wolf kaum zu unterscheiden ist? Und was ist mit den Provinzstädtchen der Toskana und Ostfrieslands, in den Vogesen und der Pfalz, auf Korsika, Föhr und Lampedusa? Sind das wirklich europäische Orte, oder sind es nicht eher kulturelle Kleinode, die der Wind der Geschichte über die Landschaften gestreut hat wie den Samen der Silberpappel, in der wilden Absicht, ihnen keinen anderen Sinn anzudichten als den, sich selbst genug zu sein? Das von Julius Cäsar noch vor Christi Geburt gegründete Florenz kam ohne Brüssel zur Welt. Und die Stadt könnte auch die nächsten 2000 Jahre ohne Brüssel existieren. Gleiches gilt für Heidelberg und Husum, Bordeaux und Dijon, für Sevilla und San Sebastian.

Schon die Eroberer früherer Epochen wollten, dass die Italiener eines Morgens als Ungarn aufwachen, die Deutschen als Franzosen und die Franzosen als Preußen. Ein ums andere Mal ist das nicht geschehen. Das Gegenteil trat sogar ein: Man konnte die Völker erobern, erniedrigen und einem fremden Befehl unterstellen, doch je inbrünstiger die Aggressoren die Assimilation herbei sehnten, desto deutlicher ist sie misslungen.

Dabei ist der Kontinent, um den es hier geht, nicht mal als Kontinent eine feste Größte. Gehört Russland schon dazu und die Türkei noch?

Die Erschaffung des europäischen Menschen verfolgt das gleiche Ziel, nur sind die Mittel humaner. Das neue Europa soll nicht durch Gewalt, sondern auf dem Verordnungswege verwirklicht werden. Die EU-Kommission versteht ihr Unterfangen als großes Kompressionswerk, bei dem es um Umformung und Verdichtung bestehender Gesellschaften geht.

Doch wie die Physiker bei Überforderung durch mechanische Dauerbelastung vor Materialermüdung warnen, so muss auch hier gewarnt werden. Nicht nur Material kann ermüden, Menschen können es auch. Der Vorgang ist in beiden Fällen ein dialektischer. Die Kompression verdichtet so lange, bis an unerwarteter Stelle ein Riss auftaucht und schließlich das eintritt, was die Experten der Werkstoffkunde einen Ermüdungsbruch nennen.

Nicht nur Material kann ermüden, Menschen können es auch.

Dieser droht auch dem heutigen Europa, dessen Eliten mit großer Unnachgiebigkeit auf jede Integrationsleistung der Bürger mit einer neuerlichen Integrationsanforderung reagieren. Genug ist nie genug. Das bedeutet im Alltag: Die Gesellschaften vom Mittelmeer bis zu den norwegischen Lofoten werden einem Homogenisierungsdruck ausgesetzt, dem sie nicht durch größere Folg- und Fügsamkeit, sondern am Ende nur durch Rissbildung entweichen können.

»Vorwärts bis zur Vollendung der europäischen Integration«, sprach Außenminister Joschka Fischer im Mai 2000 in seiner Humboldt-Rede jenen Textbaustein, den so viele Außenminister vor und nach ihm gesprochen haben. Und seine Aufforderung wäre unvollständig, wenn ihr nicht auf dem Fuße die Drohung folgte: »Für einen Rückschritt oder auch nur einen Stillstand würden alle an der EU beteiligten Mitgliedstaaten einen fatal hohen Preis zu entrichten haben.« Helmut Kohl hat diesen Preis oft beziffert, immer in der denkbar höchsten Preiskategorie: »Europa ist eine Frage von Krieg und Frieden.« Und da niemand, der noch bei Trost ist, Unfrieden und Krieg heraufbeschwören will, hat EU-Europa immer nur diese eine Wahl: das Europa der Bürokraten.

Die Folgen sind, das mag Zufall sein, für die Politiker von sehr praktischem Nutzen. In Brüssel herrschen die Bedingungen der politischen Monokultur. Das bedeutet: Hier gibt es keinen Wettbewerb der Parteien, wie wir ihn aus den Nationalstaaten kennen; friedlich kooperieren und koalieren Sozialisten, Sozialdemokraten, Kommunisten, Grüne, Konservative und Liberale. Die EU-Kommission ist von allen Großen Koalitionen die größte. Seit dem Ableben der SED, der Sozialistischen Einheitspartei Deutschlands, hat es keine solche Vielparteienformation mehr gegeben. Ein Schlaraffenland für Parteipolitiker ist entstanden, bei dem sich jeder die Posten und Pöstchen greift, die er ergattern kann. Uns begegnen Kanzler (so nennt man die Verwaltungschefs der drei europäischen Gerichte), Präsidenten und Vizepräsidenten, allein das Parlament, das gar kein richtiges ist, besitzt 14 davon. Tausende von Kommissar-, Inspektoren-, Generaldirektoren-Titel sind ebenfalls zu haben, und falls doch noch eine Epaulette im Sortiment fehlt, wird beim Europarat nachbestellt.

Politiker, die zu Hause ihr Regierungsamt verloren haben, können in Brüssel, Straßburg und Luxemburg ein zweites Leben beginnen, ohne jemals mehr einem aufmüpfigen Wähler ausgeliefert zu sein. Die Wahlkabine, in der man frei und geheim seine Führung abwählen darf, hat man für die Hierarchen der EU abgeschafft. Wer einmal in den EU-Adelsstand erhoben wurde, kann seine Privilegien de facto nur noch durch Tod verlieren.

Der Hegemon von Brüssel regiert mit Hilfe von Verfahren der Normensetzung, sein Ziel ist die Uniform des Kontinents. Er beruft sich bei seinem Tun und Treiben auf die Sündhaftigkeit der Vergangenheit und legitimiert so die Dringlichkeit der Transformation. Die Umformung und Verdichtung der Völker kennen aus der Perspektive der Prozesseigentümer keinen End- oder auch nur Haltepunkt. Die Überforderung ist dem europäischen Projekt damit immanent; die Frage lautet nicht ob, sondern wann die Sollbruchstelle sich zu erkennen gibt.

Politiker, die zu Hause ihr Mandat oder sogar ihr Regierungsamt verloren haben, können in Brüssel, Straßburg und Luxemburg ein zweites Leben beginnen, ohne jemals mehr einem aufmüpfigen Wähler ausgeliefert zu sein.

In Großbritannien ist es jetzt zum Bruch gekommen. Genug ist genug, sagte eine Mehrzahl der Bürger, die ihre Freiheit und Eigenständigkeit offenbar mehr lieben als die Idee einer nie endenden Vergemeinschaftung. Nicht Nigel Farage, Boris Johnson und Co. sind für den Brexit verantwortlich zu machen, sondern diejenigen EU-Eliten, die ihnen in die Karten gespielt haben.

Dabei bildet sich die Sollbruchstelle, wie wir heute beobachten können, keineswegs entlang der alten nationalen Demarkationslinien. Man könnte sogar sagen, die Integrationsmüdigkeit, ja die Intergrationsphobie, ist heute das einzige Projekt, das wirklich europaweit funktioniert. Die ausländerfeindlichen und nationalistischen Tiraden von Marine Le Pen erfreuen sich auch jenseits der französischen Staats- oder Sprachgrenze großer Beliebtheit und regen zur Nachahmung an, wie wir an AfD, FPÖ und SVP sehen können. Die Konservativen in Deutschland schauen durchaus mit Bewunderung auf die polnischen Konservativen, die sich das zu sagen trauen, was man unter dem Dach des deutschen Konservativismus nur denkt. Die deutsche Linke wiederum sympathisiert mit der griechischen Linken (Syriza) und der Linken in Spanien (Podemos), Italien und Portugal (Nao Podemos), weil diese die Herrschaft der Finanzkennzahlen als inhuman ablehnen. »Wenn die europäische Politik nur noch die Krise und die Brutalität eint, mit der sie den Staaten wahnwitzige Kürzungsprogramme aufzwingt, sollte sich niemand wundern, dass das europäische Projekt von vielen mittlerweile als Fluch empfunden wird. Aus zerstörten Lebenschancen wächst Hass«, sagt Sahra Wagenknecht, und in vielen Staaten des Kontinents wird man ihr beipflichten. Das Unbehagen an Europa hat sich europäisiert.

Das Unbehagen an Europa hat sich europäisiert.

Mit dem Aufkommen der Flüchtlingsströme erfuhren diese Entfremdungstendenzen zwischen Brüsseler Establishment und Bürgern eine weitere Intensivierung. Hätten die europäischen Völker die administrative Verschmelzung des Kontinents womöglich noch still leidend hingenommen, bedeutet der Versuch, das zugereiste Morgenland und Afrika in die Umformungs- und Verdichtungsarbeit des Abendlandes einzubeziehen, die eine Kompression zu viel. Nach rund zwei Millionen Flüchtlingen, die meisten aus dem Einzugsbereich des Islam, deutet sich der Überforderungsbruch an. Im europäischen Gebälk knirscht und knackt es. Das Weltbeben hat Europa erreicht, und das ist nicht allein das Ergebnis einer verfehlten US-Außenpolitik, sondern ebenso EU-hausgemacht. Die Brexit-Bewegung in Großbritannien hat Freunde und Förderer auch auf dem europäischen Festland.

Die Integrationskraft eines bis dahin folgsamen Bürgertums erlahmt, weil es in diesen vibrierenden Schmelztiegel nicht geworfen werden will. Das post-nationale Europa des Walter Hallstein wird erschüttert, die Druckwellen reichen vom Nahen Osten bis in die Vororte von Paris, Berlin, London und Brüssel, aber auch nach Duisburg und Köln. Nirgendwo ist Europa sich so fremd wie in diesen Ghettos der Desintegrierten. Christen, Juden und Muslime liegen im selben europäischen Bett, aber träumen unterschiedliche Träume.

Hinzu kommt die nur gering ausgeprägte Neigung, das europäische »Heer der Überflüssigen«, von dem der Sozialphilosoph Oskar Negt spricht, mit den neuen Dauerarbeitslosen aus Irak, Afghanistan, Syrien, den Maghreb-Staaten und Subsahara-Afrika aufzustocken. Zumal die hastig sich vollziehenden Modernisierungsschübe der westlichen Volkswirtschaften, mit denen schon die europäischen Mittelmeerländer überfordert sind, den Geringqualifizierten und Ungebildeten aus dem Orient wenig Chancen auf reguläre Beschäftigung und damit Selbstfinanzierung bieten. Viele wandern von der Balkanroute direkt in die Sozialsysteme, was deren demografisch bedingte Überforderung weiter verschärft. Wie nebenbei wird das Prinzip des Sozialstaates damit gesprengt, das auf eingezahlten Beiträgen beruht, die den Zutritt zur Versicherung gegen die großen Lebensrisiken begründen sollten. Im Zuge der Willkommenspolitik wurden die Auszahlungen unseres Sozialstaates zur »Migrationsprämie« umgewidmet, die mit ihren Botenstoffen Menschen aller Herren Länder anlockt. Erwartungsfroh finden sich die Teilnehmer der weltweiten Wanderbewegung – rund 65 Mil-

Christen, Juden und Muslime liegen im selben europäischen Bett, aber träumen unterschiedliche Träume.

lionen befinden sich derzeit auf der Flucht – vor den Auszahl-schaltern des europäischen Wohlfahrtstaates ein. Von allen Versuchen, die Kasse des deutschen Sozialstaats zu sprengen, verspricht die ungesteuerte Zuwanderung den größten Erfolg.

Die Bürgergesellschaft steht vor der Wahl zwischen Mitge-fühl und Härte, zwischen der gebotenen Hilfeleistung gegen-über Millionen unverschuldet in Not geratener Familien und Zehntausenden allein reisender Kinder und der freiwilligen Selbstaufgabe des bisherigen Wertekanons. Helfen und Ver-heben sind die zwei Seiten der einen Medaille. Man spürt die finanzielle wie kulturelle Überforderung und wehrt sich. Peter Sloterdijk sagt: »Es gibt keine moralische Pflicht zur Selbstzerstörung.«

Die Bürgergesell-schaft steht vor der Wahl zwischen Mitgefühl und Härte, zwischen der gebo-tenen Hilfeleistung und der freiwilligen Selbstaufgabe des bisherigen Wertekanons. Helfen und Verheben sind die zwei Seiten der einen Medaille.

So zeigt denn in der Stunde der Not ausgerechnet der in seinen Möglichkeiten der Grenzsetzung geschwächte Nationalstaat, welch frühlingshafter Lebenssaft noch in ihm steckt. Überall wachsen ihm neue Knospen. Die bedrängten Bürger blicken Hilfe suchend nicht in den Sitzungssaal der EU-Kommission, sondern nach Paris, Berlin, Wien, Rom oder London, wo ihre gewählten Regierungen sitzen. Dort wie-derum schläft man schlecht, weil das Instrumentarium, das im Angesicht der weltweiten Flüchtlingsbewegung zum Einsatz kommen muss – Schlagbaum, Passkontrolle, Abschiebung –, die Idee von der Völkerverständigung zu dementieren scheint.

Das europäische Haus, das keine Festung sein wollte, steht plötzlich schief im Winde. Wenn die Begrenzungs- und Sta-bilisierungsarbeiten an den Außenbefestigungen nicht gelingen, muss um die Statik gefürchtet werden. Der Ansturm der Bedrohten und Gefolterten, der Hungrigen und ihrer Lebensperspektive Beraubten bleibt auch dann ein Sturm, wenn er in friedlicher Absicht erfolgt. Deren massenhafte Zurückweisung, auch das ist richtig, lässt sich schwerlich als humanitäre Großtat interpretieren. Wenn es denn eine europäische Leitkultur gibt, dann gehört die Fähigkeit, sich in den anderen einzufühlen, zu ihren Kernelementen.

Die Bilder vom mazedonischen Grenzzaun und aus den verschlammten Flüchtlingslagern der Griechen berühren. Wer hier kein Mitleid empfindet, besitzt ein Herz aus Stein. Doch wer aus dem eigenen Aufgewühltsein die Schlussfolgerung zieht, alle Menschen hätten ein Recht auf freie Einreise nach Europa und Globalisierung sei nur ein anderes Wort für Ent-Grenzung, weiß nicht, was er tut. Schnell könnten die mit Klappmesser und Bombengürtel ausgetragenen Revierkämpfe der islamischen Konfessionen und ethnischen Minderheiten auf die europäischen Metropolen überspringen. Ein Verteilungskampf zwischen Neu- und Altbürgern hat auf dem Arbeitsmarkt und vor den Auszahlstellen des Sozialstaates ohnehin schon begonnen.

Das nach Harmonie und Einheit strebende Europa driftet. Die Re-Nationalisierung von Politik ist in vollem Gange, angefacht von einer in bürokratischer Sturheit vereinten Eurokratie. So wächst das Lager ihrer Gegner nur umso schneller. Jetzt plötzlich fällt allen auf, dass Europa von Anfang an ohne demokratisches Überdruckventil arbeitet. Das entmachtete Parlament besitzt keine Legislativ- und damit auch keine Korrektivkraft.

So ist der überforderte Kontinent dabei, an zwei Sollbruchstellen auf einmal zu brechen. Einmal horizontal, indem die

Nationalismen und Regionalismen (Schotten, Basken, Nord-italien – und wann kommen die CSU-Bayern dazu?) sich be-merkbar machen. Und vertikal, weil die Verlierer der digitalen Moderne – und solche, die Angst vor dem Abstieg haben – antreten gegen die, die von EU-Europa und der EZB profi-tieren.

Die Bürger haben aufgehört, sich ihrer politischen Gefühle zu schämen. Wann immer die EU-Kommission nach Vertie-fung und Erweiterung ruft, greifen sie zur Handbremse. Was Brüssel als anti-europäisch brandmarkt, empfinden sie als legitimen Reflex auf eine widrige Wirklichkeit. Die aus Grün-den des Machterhalts erfolgte Gleichsetzung von Brüssel mit Europa, von EU-Wirklichkeit mit dem, was wir einst die »europäische Idee« nannten, wird von einem aufgeklärten Bürgertum nicht akzeptiert.

Ein Europa ohne Europäer entsteht.

Viele Bürger denken gar nicht mehr daran, das Europa der Brüsseler Strukturen reformie-ren zu wollen. Sie empören sich nicht, ihre eins-tige politische Leidenschaft für das geeinte Europa ist einer großen Gleichgültigkeit gewichen. Grußlos kehren sie dem europäischen Projekt den Rücken. Ein Europa ohne Europäer entsteht.

Die bürgerlichen Erhebungen im Gefolge der Französi-schen Revolution besaßen eine »konstituierende, also rechts-setzende Kraft«, sagt der italienische Philosoph Giorgio Agamben. Die Revolutionen der Neuzeit beschreibt er als »destituierende, also aufhebende Kraft«. Deren Energien kon-zentrierten sich auf das, was nicht geschehen soll. Ihr Ziel ist die Verneinung, viele wollen nicht länger nach den Brüsseler Spielregeln spielen. Das Bürgertum verschränkt die Arme vor dem Brustkorb.

Ein stehendes Heer der Gleichgültigen hat sich gebildet. Die Apathie gegenüber dem Brüsseler Treiben hält es zusammen. Womöglich kommt es in Europa zu Ereignissen, die jeden Revolutionsforscher später überfordern werden: Die Barrikade fällt, ohne dass sie gebrannt hat. Der Brüsseler Hofstaat würde demnach nicht laut krachend scheitern, sondern lautlos deaktiviert. Die Schwarzen Löcher der europäischen Geschichte warten nur darauf, ihn zu verschlucken.

Die Revolutionen der Neuzeit konzentrieren sich auf das, was nicht geschehen soll.

Es wäre nicht schade um den EU-Adel. Aber es wäre schade um die europäische Idee. Sie ist von allen Ideen, die dieser Kontinent in den letzten hundert Jahren hervorgebracht hat, die wertvollste. Es gibt viele Gründe, das EU-Europa abzulehnen, aber keinen, die europäische Idee zu beerdigen. Sie inspiriert, ermahnt und ermuntert uns – auch zum Widerstand gegen ein nur halbdemokratisches System, das sich als alternativlos ausgibt.

TERRORISMUS
Der Dritte Weltkrieg hat begonnen

Dass der 26. September 1983 nicht in die Geschichte eingegangen ist, verdankt er dem Russen Stanislaw Petrow. Der damals 44-jährige Offizier der Roten Armee saß in dieser Nacht im Kontrollzentrum in Serpuchow bei Moskau, als die rote Lampe auf dem Radarschirm zu blinken begann. Die Systeme meldeten den Anflug einer mit Atomsprengköpfen bestückten US-Interkontinentalrakete.

Oberstleutnant Petrow zögerte, den Mechanismus zum Start der atomaren Gegenoffensive auszulösen. Er wusste zwar, dass noch zwei weitere Entscheidungsträger – der Generalstab und der sowjetische KP-Sekretär – einem Gegenschlag zustimmen mussten. Er wusste aber auch, dass sein Knopfdruck eine Kettenreaktion auslösen würde. Die verbleibende Reaktionszeit von fünf Minuten war für jede nachfolgende Instanz zu kurz, um die Ausgangslage seriös überprüfen zu können.

Petrow überkamen Zweifel an der Echtheit der Radaraufnahmen. Es schien ihm merkwürdig, dass Amerika – wissend um die Massivität einer russischen Vergeltung – nur eine Rakete losgeschickt haben sollte. Der Gegenschlag würde für die USA ein atomares Inferno bedeuten, derweil die eine US-Kontinentalrakete die Sowjetunion zwar verletzen, aber nicht vernichten konnte. Hinzu kam: Erst kurz zuvor war das Frühwarnsystem durch Ungenauigkeit aufgefallen; unter strengster Geheimhaltung hatte man eine Reparaturschicht durchgeführt.

Also entschied sich der Rotarmist gegen das Drücken der Alarmtaste. Wenig später stellte sich heraus, dass das System in der Tat einen Fehlalarm ausgelöst hatte. Bei der vermeintlichen US-Interkontinentalrakete handelte es sich um eine Sonnenreflektion. Der Offizier wurde weder bestraft noch belobigt, sondern zum Stillschweigen verdonnert. Die Welt sollte nicht erfahren, dass Information und Irrtum, Leben und Sterben im Atomzeitalter so dicht beieinander lagen. 23 Jahre sollte es dauern, bis die Vereinten Nationen den nachdenklichen Rotarmisten mit dem World Citizen Award auszeichneten.

In unseren Alpträumen hatten wir uns den nächsten Weltkrieg genau so vorgestellt. Ein Atomkrieg, geführt mit Interkontinentalraketen, gesteuert aus unterirdischen Kommandozentralen, ausgelöst durch einen Bedienungsfehler. Die Apokalypse sah aus wie der giftige Atompilz, den das US-Militär in einer makabren Preview über Hiroshima hatte aufsteigen lassen.

Das Kriegsziel ist nicht die geografische Neuordnung der Welt, sondern deren Erschütterung.

Doch die heutige Wirklichkeit hält sich nicht an unsere Alpträume. Das Zeitalter der zwischenstaatlichen Großkriege ist zu Ende gegangen. So wie Seeschlacht und Landkrieg die Vormoderne prägten, Giftgas- und Bombenkrieg dem 20. Jahrhundert sein vernarbtes Gesicht gaben, so erlebt das noch jugendliche 21. Jahrhundert jene neuen Kriege, in denen nicht mehr Staaten gegen Staaten, sondern religiös motivierte Terrornetzwerke, geschäftstüchtige Warlords und fanatisierte Einzeltäter gegen die westlichen Gesellschaften vorgehen.

Das Kriegsziel ist nicht mehr das Verschieben von Grenzen und damit die geografische Neuordnung der Welt, sondern deren Erschütterung. Das von Menschenhand herbeigeführte Weltbeben bedeutet demnach nichts Geringeres als die Disruption unseres bisherigen Lebens. Die westliche Gesellschaft zu verunsichern, ist für die Täter das lohnende Ziel ihrer Aktivität. Alle westliche Hoffnung auf eine schnelle Rückkehr zur früheren Normalität ist schon deshalb irreal, weil die alten Ordnungskräfte – die USA, der Westen, CIA und Nato – einen Kontrollverlust erlitten haben, der bis heute anhält. Die Welt bebt, und wir beben mit.

Die Probleme haben sich angewöhnt, uns auf lautlose Art zu umzingeln.

Die Krisenherde rücken von der Peripherie ins Zentrum Europas vor. Die Probleme haben sich angewöhnt, uns auf lautlose Art zu umzingeln. Erstmals in der Geschichte der Moderne treten in bewaffneten Konflikten keine regulären Soldaten auf, sondern Krieger, die sich als Missionare ihres Glaubens ausgeben. Sie tragen keine Uniform, dafür Jeans und T-Shirt. Sie zünden keine Atomsprengköpfe, nur den Bombengürtel an ihrem Hosenbund. Sie verwüsten keine Landstriche, dafür verletzen sie unser Gefühl für Sicherheit als eine Grundvoraussetzung von Freiheit.

Die »transformation of wars«, wie der Militärexperte Martin van Creveld es nennt, hat zu einer nie dagewesenen Entwertung der westlichen Kriegsmaschinerie geführt, ohne dass ein einziger Angriff auf ihre Militärbasen erfolgt wäre. Da verfügen die USA – wie in Kapitel 1 besprochen – über eine weltweit einmalige Kollektion an Transport- und Tötungsgerät, und nahezu nichts davon hilft ihnen in diesem Konflikt. Die rund 7000 amerikanischen Atomsprengköpfe funktionieren nicht mal mehr als Drohpotenzial.

Der Gegner in den neuzeitlichen »low intensive wars« (van Creveld) läuft unbekümmert zwischen den Frontlinien hin und her und zeigt keine Anzeichen des Beeindruckt-Seins. Und wenn den zumeist jugendlichen Tätern selbst der Bau einer Rucksackbombe zu kompliziert erscheint, reicht schon ein Küchenmesser, um es dem ahnungslosen Besucher der Jerusalemer Altstadt in den Rücken zu rammen.

Selbst die Farbe des Krieges hat sich verändert; früher war sie olivgrün, heute ist sie bunt und damit als solche nicht zu erkennen. Die neue Uniform ist, dass es keine Uniform gibt. Bizarre Bilder entstehen, wenn wie bei der Fußball-Europameisterschaft in Frankreich 100.000 teils martialisch gekleidete Polizisten und Militärs auftauchen, ohne dass weit und breit ein Gegner zu erkennen wäre. Am helllichten Tag tappt der Sicherheitsapparat im Dunkeln.

Der Gegner überfällt nicht mehr Kasernen, Parlamentsgebäude und Rundfunksender, sondern besetzt unsere Köpfe.

Auch die Kriegsziele sind ins Unsichtbare entschwunden. Der Gegner überfällt nicht mehr Kasernen, Parlamentsgebäude und Rundfunksender, sondern besetzt unsere Köpfe. Seine Anschläge hat er sorgfältig choreografiert und inszeniert, ihrem Wesen nach verstehen sich die neuen Kriege als Designerkriege, die auf visuelle Effekte setzen und psychologische Wirkung erzielen wollen. Industrielle Zerstörung und zivile Opferzahl seien nur noch das Mittel, nicht mehr das Ziel der Anschläge, sagt der Politikwissenschaftler Herfried Münkler. Es gehe den Angreifern darum, die »labile Kollektivpsyche der westlichen Gesellschaften« zu verletzten. Die beiden Währungen, in denen abgerechnet wird, sind demnach nicht Dollar und Euro, sondern Aufmerksamkeit und Betroffenheit.

Unsere Angst, unser Entsetzen, unsere Trauer tragen dabei nicht unwesentlich zur Stimulanz der Tätergruppen bei. Die so aufgeregten wie hilflosen Sondersendungen des Fernsehens, die Extraausgaben der Zeitungen und die Dauer-Live-Schaltungen des Radios beschreiben und beklagen die jeweils aktuelle Tat – und helfen dadurch, die nächst größere vorzubereiten. Die Rekrutierung wird leichter, die Geldgeber zeigen Großzügigkeit, die Bereitschaft von Jugendlichen, tödliche Risiken einzugehen, nimmt zu. Wäre der Islamische Staat eine Firma, würde man sagen, sein »Employer Branding« wird mit jedem Terroranschlag gestärkt.

Wäre der Islamische Staat eine Firma, würde man sagen, sein »Employer Branding« wird mit jedem Terroranschlag gestärkt.

Es geht nach den Massakern von New York, Boston, Paris, Madrid, Brüssel, London, Istanbul, Nizza, Würzburg und Ansbach – die Reihe wird beinahe wöchentlich länger –, nach den hitzigen Revierkämpfen verfeindeter Islamisten in Syrien, Irak, Afghanistan, Libyen und rund um Israel nicht mehr um Einzeltäter. Wer »Terroranschlag« sagt, will verharmlosen. Die Situation ist fataler und größer, als es die Betroffenheitsadressen der westlichen Regierungschefs vermuten lassen. Wir sind nicht Opfer einer chaotischen Abfolge von Terroranschlägen, wir sind Beteiligte eines globalen Krieges.

Ein dritter Weltkrieg hat begonnen, und die Tatsache, dass kein Regierungschef im Westen diese Bezeichnung öffentlich wählen würde, sagt mehr über die Aufrichtigkeit der Regierungschefs als über den Charakter des Krieges. Kanzlerin

Merkel hat den Konflikt mit dem radikalen Islam erst unterschätzt und dann nicht verstanden. Sie versucht die Gewaltszenen in Sequenzen von Tragik und Drama zu zerlegen, auch um den seriellen und ganzheitlichen Charakter der Ereignisse zu dementieren. Doch wer hinter die Oberfläche des Fanatismus schaut, wer die tektonischen Schichten von Religion und Propaganda, von Hass und Todessehnsucht hinter sich lässt, stößt auf den harten Kern des Konflikts, und auf dem steht: Politik, genauer gesagt Interessenpolitik. Es geht hier im Innersten nicht um Religion, sondern um Macht in all ihren Ausprägungen.

Auf beiden Seiten melden sich die Religionsführer zu Wort, auch wenn die westlichen Religionsführer nicht von »Heiligem Krieg«, sondern von der »Universalität der westlichen Werte« sprechen.

Der Unterschied zur Blockkonfrontation zwischen USA/Nato und Sowjetunion/Warschauer Pakt besteht darin, dass sich diesmal zwei Kulturkreise, der christliche und der muslimische, zu nahe gekommen sind. Wieder geht es um geopolitische Dominanz und – durchaus beidseitig – um einen klar artikulierten Vernichtungswillen. Die Idee eines Friedensschlusses halten beide Seiten für derart absurd, dass keine einzige Initiative in diese Richtung zielt. Nicht einmal die Vorstufe zur friedlichen Beilegung eines Konflikts, das gegenseitige Zuhören, hat derzeit eine Chance. Auf beiden Seiten melden sich die Religionsführer zu Wort, auch wenn die westlichen Religionsführer nicht von »Heiligem Krieg«, sondern von der »Universalität der westlichen Werte« sprechen.

Eine Dynamik des Hassens und Zurückhassens ist in Gang gekommen, die zu unzähligen Terrorakten in den westlichen Metropolen und auf der Seite Amerikas zu Militäreinsätzen in mittlerweile sieben islamischen Staaten auf zwei Kontinenten führte. Der Verteidigungshaushalt der Nato-Staaten belief sich 2015 auf rund 950 Milliarden US-Dollar. Die Truppenstärke der Nato beträgt drei Millionen Mann. Allein rund 1,5 Millionen US-Soldaten waren seit 2001 im Irak und in Afghanistan. Wir sind eben nicht nur Zeitzeugen eines Weltbebens, dessen Epizentrum sich vom Nahen und Mittleren Osten zunehmend in die politischen Zentren des Westens verlagert hat, sondern wir sind zugleich selbst Kriegspartei mit allem, was das für die Stabilität der Welt bedeutet.

Auch wenn die Auseinandersetzung längst global geführt wird, wollen die Beteiligten von Weltkrieg nicht sprechen. Nicht die Fakten, sondern das Bild von den Fakten, das sie sich gemacht haben, hindert sie daran. Viele können oder wollen sich einen neuen Weltkrieg nur als Wiederholung des letzten vorstellen. Sie verweisen darauf, dass die üblichen Erkennungsmerkmale eines großen Krieges fehlen, das Jagdgeschwader, die stehenden Heere, der Austausch giftiger Ultimaten bis hin zur offiziellen Kriegserklärung.

Viele können oder wollen sich einen neuen Weltkrieg nur als Wiederholung des letzten vorstellen.

Und in der Tat wirken unsere Luftschutzbunker heute wie ausgestorben. Die ABC-Masken bleiben im Lager. Keine Sirene ertönt. Wer in London, New York oder Paris vor die Tür seiner Wohnung tritt, um in die Nacht hineinzuhorchen, wird nichts Verdächtiges hören.

Unser historisches Gedächtnis spielt uns einen bösen Streich. Viele denken bei Weltkrieg an die Belagerung von Stalingrad, das Flammeninferno von Dresden oder die Bombenkriege über London und Berlin, nicht aber an Hitlers vergleichsweise harmlose Eröffnungsspielzüge des Jahres 1938, als die Wehrmacht Österreich annektierte und wenig später das Sudetenland. Auch damals erwies sich das politische Establishment als unfähig, den Aggressor und seine Psyche richtig zu deuten.

In seinem Bemühen um Pazifizierung stimmte der britische Premierminister Chamberlain im Münchener Abkommen den Territorialgewinnen Hitlers zu. Zurück in London, beruhigte er seine Landsleute mit den denkwürdigen Sätzen:

»Wir, der deutsche Führer und Kanzler und der britische Premierminister, stimmen darin überein, dass die deutschbritischen Beziehungen die für beide Länder und für Europa wichtigsten sind. (…) Es ist der Wunsch unserer beiden Völker, niemals wieder Krieg gegeneinander zu führen.« Und dann endete er mit der Aufforderung: »Go home and get a nice quiet sleep.«

Wenig später gab es für die Briten ein böses Erwachen. Die Angriffe der deutschen Luftwaffe auf London und der darauf folgende Bombenkrieg kosteten rund 30.000 Londoner das Leben und zerstörten Häuser und Fabriken. Chamberlain ging als der große Naivling in die Weltgeschichte ein. Den Weltkrieg, der vor Englands Tür begonnen hatte, sah und hörte er nicht kommen. Die damalige Welt machte eine Lernerfahrung, die man ihr gern erspart hätte: An das Gute im Menschen zu glauben, ist eine Tugend. An das Gute im Bösen zu glauben, eine Torheit.

An das Gute im Menschen zu glauben, ist eine Tugend. An das Gute im Bösen zu glauben, eine Torheit.

Chamberlain war mit seinem Jahrhundertirrtum nicht allein. Sowjetführer Josef Stalin wiederholte den Fehler. Zwar hielt er Hitler für verschlagen und aggressiv, aber er hielt ihn nicht für lebensmüde. Im Hitler-Stalin-Pakt teilten die beiden europäischen Großmächte die geopolitischen Einflusssphären auf und verabredeten eine umfangreiche wirtschaftliche Zusammenarbeit. Am 24. August 1939 wurde der Vertrag in Moskau unterzeichnet. Vier Wochen danach ergänzte man ihn um einen Nichtangriffspakt. Keine zwei Jahre später, am 22. Juni 1941, überfiel die deutsche Wehrmacht die Sowjetunion – und brach damit beide Verträge. Jetzt erst gab der Weltkrieg sich als solcher zu erkennen.

Stalin und Chamberlain sind nicht mehr unter uns. Aber die Unwilligkeit der Regierenden, die Zeichen der Zeit zu erkennen, hat überlebt. Die heutigen Machthaber haben durchaus ihre Gründe für die verbale Schrumpfung der Ereignisse. Sie wollen die ihnen anvertrauten Gesellschaften nicht weiter verunsichern. Sie wollen den Kriegsgegner nicht zusätzlich stimulieren. Und sie besitzen selbst noch keinen Plan, wie der Herausforderung durch den radikalen Islam zu begegnen ist.

So bestreiten sie zwar nicht die Herausforderung, wohl aber ihren systemischen Charakter. Nach jedem Terroranschlag wird der immer gleiche Sprechzettel verlesen, der vom Mitgefühl mit den Angehörigen und der konsequenten Verfolgung der Täter kündet. Der Terror wird als tragisches Unglück behandelt, nicht als Kriegsereignis.

Der Terror wird als tragisches Unglück behandelt, nicht als Kriegsereignis.

Als Beleg für den Nicht-Kriegszustand mit dem fanatisierten Islam präsentieren die Regierenden die beiden 1899 und 1907 auf Konferenzen in Den Haag beschlossenen Landkriegsordnungen, die bis heute die Konvention der Vereinten Nationen bestimmen. Demnach ist der »Krieg« ein bewaffneter Konflikt zwischen Staaten, der durch mindestens eine der Parteien per Kriegserklärung angezeigt werden muss. Die Tatsache, dass es heute keinen staatlichen Aggressor und keine offizielle Kriegserklärung gibt, werten sie als Entwarnung. Die globale Organisation des extremistischen Islam, seine Finanzbeziehungen und seine Führungsstruktur, aber auch sein kulturelles Hinterland, das bis tief in die deutsche Migrantenszene reicht, werden nicht verschwiegen, aber verharmlost.

Die globale Organisation des extremistischen Islam, aber auch sein kulturelles Hinterland, das bis tief in die deutsche Migrantenszene reicht, werden nicht verschwiegen, aber verharmlost.

Die Verharmlosung hat Folgen, zum Beispiel die, dass man über die wahren Kriegsursachen nicht sprechen muss. In westlicher Lesart handelt es sich um das plötzliche – sprich irrationale – Aufflackern mittelalterlicher Fanatismen, die sich gegen die säkulare Welt der Gegenwart verschworen haben. Der Terrorismus erscheint ohne jeden Bezug zum Kolonialismus als die fehlgeleitete Energie von Modernisierungsverlierern. Um einen Weltkrieg könne es sich schon deshalb nicht handeln, weil es keine zweite Kriegspartei gebe, nur das eine Opfer, den Westen.

Doch hier berühren sich Betroffenheit und Ignoranz. Der Westen ist zweifellos Opfer, aber eben nicht nur. Vieles, was auf Seiten der islamischen Staaten nach blindem Fanatismus aussieht, ist eine Reaktion auf die amerikanische Interessenpolitik der Siebziger-, Achtziger- und Neunzigerjahre. Oder anders ausgedrückt: Die giftige Frucht, die heute aufgeht, wurde auch vom Westen gesät.

Der US-Soziologe Samuel Huntington hatte es den westlichen Führern früh schon vorhergesagt, dass es niemals gelingen werde, eine Gesellschaft von einem Kulturkreis in einen anderen zu verschieben. Doch die Amerikaner versuchten genau das – in Persien, im Irak, in Afghanistan und zuletzt auch in Ägypten.

Nicht nur in den Gremien der Vereinten Nationen wird unter dem Banner der »universellen Menschenrechte« ein Kampf für die Vorherrschaft westlicher Wertvorstellungen gekämpft. Auch in den Bergen Afghanistans, in den Ruinen von Damaskus, in den Straßen von Tripolis und Bagdad wird dieser Kampf geführt. Amerika kann sich nicht damit abfinden, dass seine Kultur einzigartig, aber eben nicht universell ist. Man sagt »Pressefreiheit« und »Frauenrechte« und meint den Zugang zum Golf von Mexiko; man sagt »Demokratie« und meint Öl. Es gilt, was Egon Bahr einst vor Schülern in Heidelberg sagte: »In der internationalen Politik geht es nie um Demokratie oder Menschenrechte. Es geht um die Interessen von Staaten. Merken Sie sich das. Egal, was man Ihnen im Geschichtsunterricht erzählt.«

In der internationalen Politik geht es nie um Demokratie oder Menschenrechte. Es geht um die Interessen von Staaten.

Will man zu den Wurzeln der neuen Kriege vordringen, muss man im Jahr 1945 beginnen, als die USA in der Folge des Zweiten Weltkriegs eben erst zur Weltmacht aufgestiegen waren. Die stolze Nation erlebte den Rausch der eigenen Großartigkeit. Das Zeitalter des amerikanischen Triumphalismus begann. Wann je zuvor in der Weltgeschichte war eine versprengte Schar von Erweckungspredigern, Schatzsuchern und Farmern zu den Sternen der Weltpolitik aufgestiegen? Kein zweiter Fall ist überliefert, bei dem eine Nation binnen so kurzer Zeit so deutlich die übrige Welt kulturell, ökonomisch und militärisch dominierte. Die USA, eben noch eine widerspenstige Kolonie der britischen Krone, die nur mit Hilfe französischer Truppenverbände ihre Unabhängigkeit erreichen konnte, glänzte als neuer Fixstern am Firmament der großen Mächte. Wenn das Wort »Macht« im geopolitischen Sinn die Fähigkeit einer Nation beschreibt, auf andere Nationen in ihrem Interesse einzuwirken, dann sind die USA mit Ende des Zweiten Weltkriegs eine mächtige Nation geworden.

Doch mit dem Auseinanderfallen der Anti-Hitler-Koalition und der Verhärtung in den Ost-West-Beziehungen war die Zeit der Sorglosigkeit schon wieder vorbei. Plötzlich sah Amerika überall Gespenster. Die Feinde der Freiheit schienen nur darauf zu lauern, gegen die Supermacht loszuschlagen. Im Zuge der Blockkonfrontation mit der Sowjetunion, so die Befürchtung, könne der neue Weltmachtstatus schon bald wieder zerbrechen. Also begann man, die Welt mit den Augen des bedrängten Hegemons zu sehen. Geopolitik war das Gebot der Stunde. Die Welt teilte sich in Einflusssphären, in Verbündete und Gegner. Das stalinistische Motto »Und willst du nicht mein Bruder sein, so schlag ich dir die Fresse ein« galt nun auch im Einzugsbereich der USA.

Plötzlich sah Amerika überall Gespenster.

Die noch junge Nation, die als einziger westlicher Staat keine Vergangenheit als Kolonialmacht besaß, holte diese Entwicklung nun mit Hast nach – auch in der islamischen Welt. Frankreich besaß seine traditionellen Verbindungen in Nordafrika, in Syrien und im Libanon. Der Arm des britischen Empire reichte bis nach Ägypten, Palästina, Jemen, Indien, Malaysia und in den Irak. Italien verfügte über Einfluss in Libyen und Äthiopien, Spanien in Marokko, und die Niederländer hatten ihre Fäden bis nach Indonesien gesponnen, heute mit 258,8 Millionen Menschen das größte islamische Land der Welt. Nur Amerika, die neue Weltmacht, stand in den Herkunftsländern von Allah und Rohöl ohne Partner da.

Das sollte sich in der Nacht vom 18. auf den 19. August des Jahres 1953 ändern, als CIA und britischer Geheimdienst in Teheran gegen den demokratisch gewählten Premierminister Mohammed Mossadegh einen Staatsstreich durchführten. Die generalstabsmäßig vorbereitete »Operation Ajax« diente ausweislich der nach sechzigjähriger Sperrfrist vom National Security Archive in Washington freigegebenen CIA-Dokumente nur dem einen Ziel: »Installierung einer pro-westlichen Regierung im Iran«. Mossadegh hatte es gewagt, die bis dahin in westlicher Hand befindlichen Ölvorräte zu verstaatlichen und mit Moskau zu flirten.

> Nur Amerika, die neue Weltmacht, stand in den Herkunftsländern von Allah und Rohöl ohne Partner da.

Die »Operation Ajax« gelang. Für die nächsten fast 26 Jahre befand sich der Iran nun unter der Kuratel des Schahs und damit im Zugriff von Washington und London, Exxon und BP. Das stolze Land südlich der Sowjetunion wurde zum Militärstützpunkt der US-Armee und zur Tankstelle Amerikas.

Die Geheimdienste hatten alle Hände voll zu tun, diese für Amerika paradiesischen und für die Iraner traumatischen Verhältnisse aufrechtzuhalten. Der Schah spielte die ihm zugedachte Rolle nach außen mit Glamour, in der Kulisse aber wüteten die Folterknechte. Die Werte Amerikas, als da wären Freiheit, Rechtstaatlichkeit und das Streben nach Glück, wurden im Iran nicht nur beschmutzt, sondern suspendiert. Hätte sich nicht eine inner-iranische Opposition gebildet, man hätte sie erfinden müssen. Die Verhältnisse schrien zum Himmel.

Druck erzeugt Gegendruck, und so reifte in den langen Jahren der Fremdherrschaft jene radikal-islamische Frucht heran, die 1979 zur Islamischen Revolution unter Führung von Ayatollah Khomeini führte. Der islamische Fundamentalismus setzte sich erstmals an der Spitze eines islamischen Staates durch. Die Islamische Republik Iran wurde ausgerufen. Eine Kettenreaktion kam in Gang, die bis heute anhält.

Die schiitischen Ayatollahs in Teheran und Ghom versetzten die sunnitische Führung Saudi-Arabiens und den ebenfalls sunnitischen Machthaber des Irak, Saddam Hussein, in Alarmbereitschaft. Der in der ersten Runde noch mit religiöser Inbrunst ausgetragene Streit der feindlichen Glaubensbrüder schlug schon in der zweiten Runde in einen heißen Militärkonflikt um. Am 22. September 1980, 19 Monate nach der Machtübernahme der Ajatollahs, begann der erste Golfkrieg zwischen Iran und Irak. Er sollte acht Jahre dauern und mehr als eine Million Menschenleben auf beiden Seiten kosten, darunter fast 6000 Giftgastote, die auf das Konto von Saddam Hussein gingen.

Der Feind Khomeinis war der Freund Amerikas. Man wollte den einen Fehler durch den nächstgrößeren vergessen machen.

Amerika, das mit den Ajatollahs noch eine Rechnung offen hatte, unterstützte ohne Nachdenken den iranischen Kriegsgegner Hussein. Der Feind Khomeinis war der Freund Amerikas. Man wollte den einen Fehler durch den nächstgrößeren vergessen machen. Das nannte man damals »Realpolitik«. Der spätere Hussein-Widersacher und US-Verteidigungsminister Donald Rumsfeld, das nur nebenbei, war zu diesem Zeitpunkt noch ein lupenreiner Hussein-Verbündeter. Als Sonderbeauftragter von US-Präsident Ronald Reagan überbrachte er in Bagdad Grüße und Geld der Regierung aus

Washington. Er sah damals in Hussein noch nicht den Mann der Massenvernichtungswaffen, sondern den Waffenbruder.

Zwischen die arabischen Sunniten und die US-Republikaner passte damals kein Blatt Papier. Der auf Seiten des Irak mit einem Waffenstillstandsabkommen beendete Golfkrieg festigte die US-Vormachtstellung in der Region, die nun mit Militärbasen übersät wurde. »Nach dem Krieg«, notierte Huntington, »war der Persische Golf zu einem amerikanischen Teich geworden.«

Zugleich aber war der Erste Golfkrieg das Vorspiel zu jenen Auseinandersetzungen, die wir heute sehen. Die USA hatten die Schiiten aller Länder, also rund fünfzehn Prozent der islamischen Welt, gegen sich aufgebracht. Der König von Jordanien sprach 1991 aus, was man in diesen Kreisen über die USA dachte: »Dies ist Krieg gegen alle Araber und alle Muslime«.

Wenig später zerbrach die Zweckfreundschaft der Amerikaner mit den Sunniten. Spätestens mit dem Zweiten Golfkrieg – ein übermütig gewordener Saddam Hussein hatte am 2. August 1990 die Öl-Enklave Kuwait überfallen – verloren die USA die Unterstützung dieser religiösen Gruppierung. Der Einmarsch der US-Armee in Kuwait unter Führung von General Schwarzkopf war militärisch zwar ein Erfolg, aber geopolitisch ein Desaster. Obwohl Hussein Kuwait völkerrechtswidrig überfallen hatte, standen die USA in den Augen vieler Muslime als imperialer Aggressor da. Der Islam radikalisierte sich, er wurde zu dem, was er heute ist: eine anti-westliche Mobilisierungsideologie.

Der Islam radikalisierte sich, er wurde zu dem, was er heute ist: eine anti-westliche Mobilisierungsideologie.

Nur das Verhältnis zu den afghanischen Taliban, die man damals in Washington Mudschaheddin und nicht Terroristen nannte, schien noch intakt. Solange sie gegen die Sowjetarmee kämpften, hofierte man diese radikal sunnitische Gruppierung. Die Taliban erhielten amerikanische Waffen, man teilte mit ihnen die Erkenntnisse von CIA und NSA, ihre Anführer standen in Amerika nicht auf der Fahndungsliste, sondern auf dem VIP-Verteiler des State Department.

Erst nach dem im Februar 1989 erfolgten Abzug der Roten Armee aus Afghanistan, dem bald schon der Erschlaffungstod der Sowjetunion folgte, erkaltete auch dieser amerikanische Kontakt in die islamische Welt. Als die Taliban nach dem Anschlag auf das World Trade Center selbst zum Angriffsziel der USA wurden, weil sich Al-Qaida-Anführer Bin Laden auf ihrem Territorium aufhielt, schlug die Partnerschaft in Rivalität um. Amerika marschierte in Kabul ein. Unverhofft blickten die US-Marines in die Läufe ihrer eigenen Schnellfeuergewehre. Was vorher »Partisanenschlacht« hieß, firmiert seither als »Terrorkrieg«.

Auch der ehemalige US-Waffenbruder Saddam Hussein wurde nun im Zentrum seiner Macht angegriffen. Mit dem Startschuss für den »Krieg gegen den Terror« gab das Weiße Haus unter George W. Bush den Diktator, der vom Angriff auf das World Trade Center mutmaßlich aus den CNN-Nachrichten erfahren hatte, zum Abschuss frei. Wenig später wurde der einstige Waffenbruder, den seine Häscher in einem Erdloch aufstöberten, hingerichtet.

Der wirkliche Sündenfall aber ereignete sich nach der Einnahme Bagdads und nach der Hinrichtung Husseins. Die USA schauten tatenlos zu, als im Irak die Schiiten, die auf dortigem Territorium die Mehrheit stellen, die Herrschaft übernahmen und Husseins Baath-Partei in den Untergrund drängten. Die alten Eliten und langjährigen Partner der USA ließ man damit fallen. Und sie fielen tief. Der Mann, der sie schließlich auffing, hieß: Osama bin Laden. Sein Terrornetzwerk Al-Qaida nahm die frustrierten Anhänger und Kämpfer der Baath-Partei, darunter die Todesschwadronen und Folterknechte Husseins, in ihren Reihen auf. Nach mehreren organisatorischen Häutungen ging aus der Verbindung von Bin-Laden-Kämpfern und Hussein-Anhängern eine neue, gleichermaßen schlagkräftige wie skrupellose Vereinigung hervor, die sich zuerst »Al-Qaida im Irak« und schließlich »Islamischer Staat« nannte.

So lässt sich die Geschichte der neuen Kriege auch als Geschichte der Kulturkreise erzählen, die sich in Nahost zu nahe gekommen sind und mittlerweile von heftigen Abstoßungsreaktionen geschüttelt werden. Der Westen und der radikale Islam, darauf kommt es hier an, sind sich im World Trade Center und in den Redaktionsräumen von *Charlie Hebdo* nicht zum ersten Mal begegnet. Der Aufstieg der islamischen Erweckungsbewegung mit ihrer Vielzahl radikaler und gewaltversessener Organisationen besitzt viele Wurzeln – aber mindestens ein dicker Strang führt in die USA.

Die Amerikaner, die sich als unzuverlässige Partner und brutale Gegner einen Namen gemacht hatten, die mal die eine islamische Glaubensrichtung unterstützten, dann die andere, verstärkten somit eine Hassdynamik in der Region, die Jugendliche und Regierungsmitglieder gleichermaßen erfasst hat. Sie haben die Gesellschaften in den Kernstaaten

Der Westen und der radikale Islam sind sich im World Trade Center und in den Redaktionsräumen von *Charlie Hebdo* nicht zum ersten Mal begegnet.

des Islam in eine anti-westliche Schwingung versetzt. Für eine neue Generation von Muslimen wurde der Islam nicht nur zur bedeutenden spirituellen, religiösen und kulturellen Kraft ihres Lebens, sondern reicherte sich zunehmend mit politischer Energie an, die sich seither ideologisch, militärisch und terroristisch immer wieder entlädt.

Die Amerikaner haben die Gesellschaften in den Kernstaaten des Islam in eine anti-westliche Schwingung versetzt.

Der Westen seinerseits beteiligte sich an der Ausweitung der Kampfzone. »Die Freiheit wird am Hindukusch verteidigt«, lautete die Parole eines ehemaligen deutschen Verteidigungsministers. »Die Schlacht muss zum Feind getragen werden«, sagte der US-Vizepräsident Dick Cheney nach dem Anschlag auf das World Trade Center. George W. Bush erklärte in seiner Rede zur Lage der Nation am 29. Januar 2002 eine ganze Reihe von Staaten, die nachweislich mit 9/11 nichts zu tun hatten, zu Gegnern der USA:

»Einige dieser Regime haben sich seit dem 11. September recht ruhig verhalten. Aber wir kennen ihre wahre Natur. Das Regime in Nordkorea rüstet mit Raketen und Massenvernichtungswaffen auf, während es seine Bürger verhungern lässt. Der Iran strebt aggressiv nach diesen Waffen und exportiert Terror. Der Irak stellt weiterhin seine Feindseligkeit gegenüber Amerika offen zur Schau. Staaten wie diese, und die mit ihnen verbündeten Terroristen, bilden eine Achse des Bösen, die aufrüstet, um den Frieden der Welt zu bedrohen.«

Diese dreifache Kampfansage an sunnitische, schiitische und kommunistische Staaten, die seit Jahrzehnten miteinander verfeindet sind und ihrerseits um Vorherrschaft rangeln, offenbarte die weltpolitische Unbedarftheit des 43. Präsidenten der USA – und wirkte auf die Kämpfer der Terrorbrigaden wie eine große Einladungskarte. Der US-Präsident hatte die feindlichen Gefühle gegenüber Amerika nicht gedämpft, sondern befeuert. Die Gotteskrieger des Islamischen Staates, die Aktivisten von Al-Qaida, Hamas und Hisbollah verließen nur zu bereitwillig die Straßen von Bagdad, Tripolis, Kabul, Ramallah und Damaskus. Seither wird der radikale Islam auch in Paris, London, Brüssel und anderswo verteidigt. Man trägt die Schlacht zum Feind zurück.

Unversöhnlich stehen sich die zwei Kulturkreise gegenüber. Wir wollen nicht zu Mohammed beten – und sie nicht zu Obama. Wir stürmen ihre Bergdörfer, sie unsere Konzerthallen. Wir töten ihre Kinder als »Kollateralschaden«, sie unsere Kinder, weil angeblich »dekadent«. Wir rufen »Freiheit«, sie »Allah«. So wird seit Jahren gehasst und zurückgehasst. Und das Einzige, was wir mittlerweile noch gemeinsam haben, ist das vorsätzliche Nicht-Verstehen des anderen.

Unversöhnlich stehen sich die zwei Kulturkreise gegenüber. Wir stürmen ihre Bergdörfer, sie unsere Konzerthallen.

Der neue Weltkrieg stellt vieles auf den Kopf, was der Westen bis dahin für unumstößlich hielt. Viele glaubten, die westlichen ökonomischen Erfolge würden die arabische Welt beeindrucken und zur Nachahmung einladen. Jetzt müssen sie erfahren, dass westlicher Materialismus und Konsumismus auf viele Jugendliche in Nahost und Afrika eher abstoßend wirken. Die Modernisierungsverlierer schauten nicht huldvoll zu den selbst ernannten Siegernationen in Europa und Nordamerika auf, sondern blicken erst ängstlich, dann trotzig und schließlich hasserfüllt auf jene Welt, die nie die ihre sein wird.

Wer geglaubt hatte, der neue Fundamentalismus speise sich aus dem ländlichen oder großstädtischen Proletariat der islamischen Gesellschaften, wurde eines anderen belehrt. Vor allem die urbanen Mittelschichten, Kaufleute, Ingenieure und Intellektuelle wandten sich mit dem Beginn der Achtzigerjahre von den USA ab und den Imamen zu. Aber auch die städtische Jugend fand Halt und Erbauung in den Koranschulen und bei jenen islamischen Organisationen, die mit sozialen Dienstleistungen aufwarteten. Ehedem religionsfern geführte Nationen wie Iran und Afghanistan erklärten nun die Religion zum Fundament ihrer Staatlichkeit. Die Scharia, das islamische Rechtssystem, verließ das Schattenreich des Religiösen und wurde zum staatlichen Herrschaftsinstrument. Heute sind alle 53 Nationen, die mehrheitlich von Muslimen bewohnt werden, von der Erweckungsbewegung erfasst. Der Laizismus wurde 1975 in der Verfassung von Bangladesch dadurch außer Gefecht gesetzt, dass der Islam laut dem 8. Verfassungssatz als Staatsreligion definiert wird. 1979 verabschiedete sich der Iran von der Idee einer Trennung von Staat und Kirche, und auch die Türkei ist dabei, diese einst als Errungenschaft gefeierte Abkehr vom Religionsstaat zu revidieren. Erdogan speist seine autokratische Machtfülle auch aus dem schier unerschöpflichen Reservoir, auf dem in großen Buchstaben »Islam« steht.

Heute sind alle 53 Nationen, die mehrheitlich von Muslimen bewohnt werden, von der Erweckungsbewegung erfasst.

Besäße die Welt ein Armaturenbrett, das über den jeweiligen Grad an Macht und Einflusssphäre Auskunft gäbe, würden die Messinstrumente im Falle des Westens einen stetigen Druckverlust anzeigen. Beherrschten Europa und die USA in den Fünfzigerjahren des vorigen Jahrhunderts rund die Hälfte der globalen Landoberfläche von 149 Millionen Quadratkilometern, sind es heute nur noch 22 Prozent. Stellten USA und Europa im Jahr 1960 noch rund 26 Prozent der Weltbevölke-

Wahlerfolgen der Populisten die fatale Schlussfolgerung gezogen, das Milieu der kleinen Leute zu verachten, das um Wohnraum, Transfergeld und Arbeitsplätze mit den Flüchtlingen konkurriert. So führt der Kampf der Kulturen zur Spaltung – auch innerhalb der westlichen Gesellschaften.

Die politische Linke hat aus den Wahlerfolgen der Populisten die fatale Schlussfolgerung gezogen, das Milieu der kleinen Leute zu verachten.

Der Verfassungsschutzbericht kündet in tonloser Monotonie von den Verwerfungen, die in Nahost begannen und im Zuge des Weltbebens nun auch Dortmund und Herne erreicht haben:

»Der IS hat sich inzwischen zur wichtigsten Anlaufstation für Jihad-Willige aus Deutschland entwickelt. Kampfwillige Jihadisten erhalten dort die Möglichkeit, in Ausbildungslagern unterschiedlichste Terrortechniken zu erlernen und praktisch zu erproben. Bei diesem Personenspektrum sind zunehmend Anzeichen für Verrohung, Brutalisierung und Gewöhnung an Gewalt zu beobachten. Etwa ein Drittel der ausgereisten Personen ist zwischenzeitlich – zumindest zeitweise – nach Deutschland zurückgekehrt. Personen, die ein terroristisches Ausbildungslager absolviert beziehungsweise aktiv an Kampfhandlungen teilgenommen haben, stellen bei ihrer Rückkehr nach Deutschland ein erhebliches Sicherheitsrisiko dar.«

Ein Kreislauf von Tat und Wiederholungstat ist in Gang gekommen, der dem Zeitalter der Überforderung seine Düsternis verleiht. Die Aufnahme von Millionen von Flüchtlingen aus den Kampfzonen der islamischen Staaten bedeutet eben nicht allein einen Akt der Humanität, sondern auch die Eröffnung eines neuen, innerwestlichen Frontabschnitts. Die

Die Aufnahme von Flüchtlingen aus den Kampfzonen der islamischen Staaten bedeutet die Eröffnung eines neuen, innerwestlichen Frontabschnitts. Verfolgten von heute waren vielfach die Kämpfer von gestern. Die Vorstellung, dass Sunniten und Schiiten in Hamburg und Duisburg besser miteinander klarkommen als in Damaskus oder Bagdad, ist weltfremd. Wir sollten uns freuen, wenn es so kommt. Aber verantwortungsbewusste Politik hat vom Gegenteil auszugehen.

Doch in Washington, London, Paris und Berlin weigert man sich, aus Fehlern zu lernen. »Gnadenlos« wolle man gegen die Aggressoren vorgehen, rief Hollande nach den Pariser Anschlägen und schickte die Luftwaffe nach Damaskus. Dass die Täter aus den eigenen Vorstädten stammen, hat er bewusst übersehen. Auch die Tatsache, dass Luftschläge gegen 25.000 aktive IS-Kämpfer, die sich inmitten einer Zivilbevölkerung von mehr als zehn Millionen Menschen aufhalten, kein wirksames Mittel sein können, interessierte nicht. Der Krieg funktionierte einmal mehr als Fortsetzung der Politik, und zwar in diesem Fall als Fortsetzung der Innenpolitik. Hollande kennt die Regel aller Wahlkämpfer: Wer schon keine Freunde besitzt, braucht wenigstens Feinde.

Doch die Doktrin von Härte und Gnadenlosigkeit beendet den Terror nicht, sondern facht ihn weiter an. Das autoritäre Zwei-Punkte-Programm, das auf beiden Seiten nur noch zwischen Strafe und Todesstrafe unterscheidet, führt nicht zum Frieden. Die Zahl der Krisenherde und die Zahl der Toten werden nicht abnehmen, sondern wachsen. Der Hasspegel dürfte in den kommenden Jahren steigen, nicht fallen.

Das Aufpeitschen und Polarisieren bringt nicht Versöhnung, sondern neuen Krieg. Das Neue sind nicht die Hassprediger. Das Neue ist ihre große und gebannt lauschende Zuhörerschaft.

Bundespräsident Gauck und Verteidigungsministerin von der Leyen sagen, auch Deutschland müsse mehr Verantwortung übernehmen. Mit Verantwortung meinen sie eine stärkere militärische Präsenz der Bundeswehr in den Kriegs- und Bürgerkriegsgebieten. Doch nach Jahren der Eskalation auf allen Seiten muss die Frage erlaubt sein, ob mehr Verantwortung nicht mehr Politik bedeuten muss, zumal in einem Konflikt, in dem bisher nicht die Menschen, sondern die Waffen sprechen.

Dies ist kein Plädoyer für Appeasement und bedeutet auch nicht, die Arbeit von Strafverfolgungsbehörden, Militärs und Geheimdiensten gering zu schätzen. Der Sicherheitsapparat muss im Rahmen der Gesetze seine Arbeit tun – lautlos, effektiv und materiell solide ausgestattet. Er hält, so gut er kann, seine unsichtbare Hand über die ihm anvertraute Gesellschaft. Wer im Angesicht akuter terroristischer Bedrohung diesen Apparat hindert oder auch nur zu hindern sucht, macht sich schuldig. Nicht nur Sprengstoff, auch Naivität kann tödlich sein.

Nicht nur Sprengstoff, auch Naivität kann tödlich sein.

Doch Präsident und Verteidigungsministerin sind nicht die Filialleiter von CIA und Bundesnachrichtendienst. Sie haben per definitionem einen friedenschaffenden und zukunftssichernden Auftrag, der über das Wirken von Armee und Geheimdienst hinausreicht. Verantwortungsvolle Politik facht den Konflikt der Kulturkreise nicht an, sondern sucht ihn zu dämpfen. Es geht in der ersten Runde nicht um Zugeständnisse, Kompromisse oder ein irgendwie geartetes Zurückweichen, sondern es geht um eine Veränderung im Ton.

Erst das Berserkerhafte und Auftrumpfende, der von Männern wie Rumsfeld, Cheney, Bush Jr. und Donald Trump zur Schau gestellte Habitus westlicher Überlegenheit, die zuweilen obszöne Mitleidslosigkeit gegenüber den Opfern der anderen Seite, aber auch der Missbrauch, der dem Wort »Verantwortung« angetan wurde, haben aus Rivalen Erzfeinde gemacht. Die neue Unversöhnlichkeit entspringt nicht der Bibel und nicht dem Koran, auch nicht der Tradition der christlich-islamischen Beziehungen, sondern der Unfähigkeit und Unwilligkeit, sich auf die Gefühlswelt der anderen Seite einzulassen. Ausgrenzung und Krieg jedenfalls haben dem Westen keinen guten Dienst erwiesen.

Die neue Unversöhnlichkeit entspringt nicht der Bibel und nicht dem Koran, sondern der Unfähigkeit, sich auf die Gefühlswelt der anderen Seite einzulassen.

Denn lange schon gibt es keine Siege, die nicht zugleich als Niederlagen auf den vermeintlichen Sieger zurückwirken. Zollschranken und andere Handelshemmnisse, Wirtschaftssanktionen und Embargolisten bedeuten in einer verflochtenen Weltwirtschaft immer auch die Selbstverletzung dessen, der diese Folterwerkzeuge einsetzt. Kriegerische Aktivitäten, auch solche, die als Reaktion auf den Aggressor erfolgen, schneiden in der Bilanz, die irgendwann gezogen werden muss, nicht besser ab. Die Vernichtungswucht wirkt, aber sie wirkt immer in beide Richtungen. Nur in den seltensten Fällen wird das tatsächliche Kriegsziel erreicht.

Hier soll nicht zuerst aus ethischen oder gar pazifistischen Gründen gegen den Krieg gesprochen werden, sondern mit den Argumenten der Effizienz. Kriege sind eben nicht nur unmenschlich, sie sind zur Erreichung von Zielen höchst uneffektiv. Seit dem Zweiten Weltkrieg hat – mit Ausnahme der Befreiung von Zwergstaaten wie Kuwait und Grenada – kein westlicher Krieg sein Kriegsziel erreicht. Die US-Armee musste sich nach verlustreichen Einsätzen aus Vietnam (58.220 tote Amerikaner), aus Irak (7.071 tote Amerikaner), aus Afghanistan (2.345 tote Amerikaner), aus Pakistan und aus Libyen weitgehend zurückziehen, ohne dass der Einfluss der USA in diesen Ländern und Regionen erweitert oder auch nur gesichert werden konnte. Der Krieg beseitigt keine Gegner, sondern bringt neue hervor.

Der Krieg beseitigt keine Gegner, sondern bringt neue hervor.

Die Theorie des Krieges geht ja davon aus, dass sich alle Gegner besiegen lassen und nach einem reinigenden Gewitter ein zumindest temporärer Friede herrscht. Aber die Realität sieht anders aus. Aus den Flugzeugen fallen die Bomben, aber in den Ruinen wachsen neue Krieger. Die Panzerstaffeln feuern ihre Kanonen ab, aber aus jedem Einschussloch lacht uns ein neuer Angreifer an. Auch an der Heimatfront besitzt der Krieg keine Frieden stiftende Wirkung, weil er die Werte, um deren Willen er angeblich geführt wird, verrät; weil sich die Idee von der Freiheit des Andersdenkenden mit vorgehaltener Maschinenpistole nicht verbreiten lässt.

Selbst die Kapitulation bringt keinen Frieden, sondern liefert oft nur die Munition für erneuten Unfrieden. Wenn es im besiegten Volk, wie einst nach dem »Diktatfrieden von Versailles«, weiter kocht und giftet, ist vieles möglich – eben auch der Aufstieg eines Mannes wie Adolf Hitler.

Fragen von erheblicher Tragweite drängen sich auf, die an die kalten und heißen Krieger unserer Zeit zu richten wären: Warum klappt seit Jahrzehnten im Verhältnis von Abend- zu Morgenland eine Tür nach der anderen zu, ohne dass sich eine neue öffnet? Weshalb versucht niemand, diese so bequeme Kultur des Nicht-Zuhörens und Aneinander-Vorbeiredens zu beenden? Warum hat niemand der Türkei die Hand gereicht, als diese noch ausgestreckt und nicht zur Faust geballt war? Wie kommt der Deutsche Bundestag dazu, in den giftigen Hinterlassenschaften der türkisch-armenischen Geschichte nach Munition für die Tagespolitik zu suchen? Wann gestehen wir uns ein, dass die dem Westernfilm abgeschaute Duellpolitik nicht wirkt, die nur das »Der oder ich« kennt und nichts dazwischen?

Es gibt keine Endsiege.

Es geht nicht um Unterwerfung oder Triumph. Wer die Frage so stellt, will polarisieren, und letztendlich will er sterben lassen wie bisher. Es geht um die Anerkennung der einen großen Realität, die da lautet: Es gibt keine Endsiege. Keine Seite besitzt auch nur ansatzweise die kulturelle, ökonomische und militärische Fähigkeit, die andere Seite niederzuringen. Der Tag, an dem die Welt sich in ein globales Kalifat verwandelt, wird nicht kommen. Aber die Stunde, in der alle sich der Führung Amerikas unterstellen, eben auch nicht.

Die Anerkennung dieser beiden Wahrheiten bedeutet nicht das Unterzeichnen einer Kapitulationsurkunde, wie viele meinen, sondern den Beginn einer Politik, die auf Dialog setzt, um Distanz zu erreichen. Die überhitzten Kulturkreise müssen wieder auf Abstand gebracht werden, weil sie ganz offensichtlich die Nähe des anderen nicht ertragen können. Nicht Integration sollte also das Ziel kluger Politik sein, sondern Distanz. Und der Weg dorthin ist der Dialog. Es geht also diesmal nicht um Wandel durch Annäherung, wie Egon Bahr einst die Ostpolitik Willy Brandts begründete, sondern um »Distanz durch Dialog«. Die Kulturkreise müssen nicht integriert, sondern entflochten werden, weil es durch zu intensive Berührung zu Abstoßungsreaktionen gekommen ist.

Vielleicht sollten wir uns die Welt nicht als ein Netz verknüpfter Kulturen und Volkswirtschaften vorstellen, das immer enger verflochten werden muss, sondern als ein System, in dem es auch Zonen der Unvereinbarkeit gibt. Pflanzen, die sich gegenseitig das Licht streitig machen, meiden einander, wenn sie überleben wollen. Tiere, die einander nicht riechen können, halten Abstand, bevor es zum Revierkampf kommt. Die Natur besitzt einen Regelmechanismus, der nicht nur Nähe und Vernetzung organisiert, sondern mit gleicher Virtuosität auch Abstand und Unabhängigkeit. Es geht ihr nicht darum, Unterschiedlichkeiten zu beseitigen, sondern darum, sie anzuerkennen. Wobei Anerkennung nicht Unterwerfung und noch nicht Zustimmung bedeutet. Wenn die Natur sprechen könnte, würde sie uns die eine Schlüsselvokabel zuraunen, die in ihren Reihen immer wieder Vielfalt hervorbringt: Respekt.

Die Kulturkreise müssen nicht integriert, sondern entflochten werden.

Angela Merkel hat die Parole ausgegeben, man müsse »die Situation in den Herkunftsländern verbessern«. Dieser Einschätzung liegt der weitverbreitete Glaube zugrunde, die Ursachen von Gewaltexpansion und Flüchtlingsproduktion seien Arbeitslosigkeit und soziale Benachteiligung, also materieller Natur. Offenbar kann sich der kapitalistische Westen die Welt nur in den Kategorien von Konsumismus und Materialismus erklären. Herfried Münkler spricht von einer »tiefsitzenden Freikaufmentalität«.

Dabei verlangt der friedliche Teil der islamischen Welt, also ihre übergroße Mehrheit, nicht nach Geld – sondern nach: Respekt. Peter Scholl-Latour nannte es frappierend, dass die

USA dank ihrer perfekten Spionagetechnologie jedes vertrauliche Gespräch abhören und die geografische Position ihrer Gegner zielgenau lokalisieren können, jedoch unfähig seien, sich in die Menschen fremder Kulturen hineinzuversetzen. Die Gleichzeitigkeit von Alles-Hören und Nichts-Verstehen war für ihn das große Paradoxon unserer Zeit.

Die Gleichzeitigkeit von Alles-Hören und Nichts-Verstehen ist das große Paradoxon unserer Zeit.

Nun besitzen die Regierenden durchaus einen Plan B, zumindest für sich selbst. François Hollande entkam beim Aufkommen der Gerüchte, im Stade de France stehe ein Anschlag bevor, durch die Hintertür. Die gepanzerte Limousine wartete mit laufendem Motor. Bush Junior kreiste nach dem Anschlag auf das World Trade Center stundenlang in der Airforce One über Amerika, um dem irdischen Chaos zu entkommen.

Auch Joachim Gauck, Ursula von der Leyen und Angela Merkel werden, wenn es so weit ist, nebeneinander im Regierungsbunker sitzen. Die Verantwortung, nach der sie verlangen, werden sie am Ende nicht tragen können.

KAPITALISMUS
Verlust von Maß und Mitte

Der neuzeitliche Kapitalismus nimmt keine Rücksicht, nicht einmal auf sich selbst. Die Dynamik, die er hervorbringt, löst weltweit Prozesse der Zerstörung aus. Das Wachstum, das die Statistiker messen, entpuppt sich ein ums andere Mal als der Sendbote des kommenden Zusammenbruchs. Das Vertrauen in die Selbstheilungskräfte des Marktes ist im Zeitalter der multiplen Krisen nicht erschüttert, sondern verschwunden.

So wie der Arzt seinen suizidgefährdeten Patienten nicht aus den Augen lässt, weicht der Staat den Großkonzernen mittlerweile nicht mehr von der Seite. Er kommt aus dem Retten, Regulieren und Bestrafen nicht heraus, weil das System selbst auto-aggressive Züge aufweist. Es bevorzugt ein Leben im Rauschhaften und Exzessiven; frönt einer permanenten Gegenwart, die von den ethischen Grundlagen eines Ludwig Erhard Lichtjahre entfernt scheint. Die demokratisch verabschiedeten Umwelt-, Steuer-, und Sozialgesetze werden nicht mehr als Teil eines Gesellschaftsvertrages interpretiert, sondern als zu überwindende Zumutung verstanden. Mit einer Mischung

Der Staat kommt aus dem Retten, Regulieren und Bestrafen nicht heraus, weil das System selbst auto-aggressive Züge aufweist.

aus Verwunderung und Verachtung schaut man auf den unternehmerischen Mittelstand, der Mitarbeiter noch immer als Familienmitglieder und Kunden als Partner behandelt. Der Kapitalist heutiger Prägung hält das nicht für normal, sondern für naiv.

Die Balance der Nachkriegsjahre, als der kapitalistische Wolf sich unter dem noch frischen Eindruck von Weltwirtschaftskrise, Hitlerismus und Kriegszerstörung in den marktwirtschaftlichen Haushund verwandelte, ist wackelig geworden. Das damals ausgeprägte soziale Gedächtnis fiel in Zeiten der Globalkonzerne, der digitalen Revolution und der weltweit scharfen Konkurrenz um Rohstoffe, Märkte und Standards einer geheimnisvollen Löschung anheim. Das Gefühl für Maß und Mitte ging verloren. Das Wölfische des Manchesterkapitalismus ist mit der sich beschleunigenden Globalisierung und Digitalisierung in unser Wirtschaftssystem zurückgekehrt. Dialoge wie den folgenden brauchte die Berliner Romanautorin Juli Zeh nicht erfinden, nur dem Bürgertum ablauschen:

> »Betrügen? Das heißt jetzt Kapitalismus.
>
> Darf man stehlen?
>
> Wenn's sein muss.
>
> Lügen?
>
> Geht ja nicht anders.
>
> Betrügen?
>
> Das heißt jetzt Kapitalismus.«

Zur allgemeinen Täuschung der Öffentlichkeit sind die Persönlichkeiten, die dieses als betrügerisch empfundene System repräsentieren, in ihrem Auftritt an Harmlosigkeit

Das Wölfische des Manchesterkapitalismus ist in unser Wirtschaftssystem zurückgekehrt.

kaum zu überbieten. Ihre Erziehung ist tadellos, ihre kulturellen Interessen breit gefächert. Wer auf sich hält, sponsert und stiftet. Man joggt oder läuft Marathon und isst vegetarisch. Oft sind die Verantwortlichen den kleinsten Verhältnissen entsprungen, und gerade deshalb beherrschen sie mühelos die Spielregeln der gehobenen Stände. Nicht ihre Charaktere, ihre Taten sorgen für die Missstimmung im Lande. Oder anders ausgedrückt: Der Anzug sitzt korrekt, aber der innere Kompass spielt verrückt. Die Banalität des Bösen besitzt heute auch eine ökonomische Dimension.

Einer, der sich hier angesprochen fühlen darf, heißt Hans Dieter Pötsch; er war bis vor Kurzem VW-Finanzvorstand und steht mittlerweile dem Aufsichtsrat des Automobilherstellers vor. Unter der VW-Affäre, dem millionenfachen Manipulieren der Abgaswerte von Dieselaggregaten, haben heute viele zu leiden, die Beschäftigten, die Aktionäre und die Kunden des Konzerns. Pötsch aber profitiert; er weiß, wie man Verantwortung und Schicksal entkoppelt. Sein Wechsel vom Posten des Finanzvorstands an die Spitze des Kontrollgremiums wurde ihm mit über 20 Millionen Euro vergütet. Derweil Arbeitern und Angestellten gepredigt wird, den Gürtel künftig enger zu schnallen, hat Pötsch den seinen vorsorglich um ein paar Löcher geweitet.

Da er den Wechsel in den Aufsichtsrat nicht betrieben habe und einen gültigen Vorstandsvertrag bis zum Jahr 2017 besitze, sei es nur rational, dass ihm Grundgehalt plus Bonus ausbezahlt würden, sagt er. Dass seine Rationalität und die Welt der Werte miteinander in Konflikt geraten sind, will ihm nicht einleuchten. Dass die finanziellen Ansprüche, die ein Top-Manager

Derweil Arbeiter und Angestellte den Gürtel enger schnallen sollen, hat Pötsch den seinen geweitet.

seines Kalibers an die Firma stellt, als ethische Ansprüche der Belegschaft auf ihn zurück wirken, kümmert ihn nicht. Vertrag sei Vertrag, sagt er, von den Manipulationen habe er nichts gewusst.

Dieser Sachverhalt allerdings bedeutet für einen Mann dieser Position nicht Entlastung, sondern Selbstbezichtigung. Er und seine Kollegen hätten Bescheid wissen müssen, begründet der norwegische Staatsfonds seine Klage gegen das VW-Management. Doch selbst als die Nachfragen der US-Behörden drängender wurden und erste Schadenssummen kursierten, ging bei Pötsch keine Warnlampe an. Das von ihm geführte Finanzressort sah, hörte und spürte nichts. Erst als die Lawine der Milliardenzahlungen die Firmenkasse überrollte, nahm er sie zur Kenntnis. Es habe sich um technische Fragen gehandelt, die ein Finanzfachmann nicht habe überblicken können, sagt er.

Pötsch wusste, dass der VW-Aktienkurs einen Firmenwert widerspiegelte, der nur noch nostalgischen Wert besaß.

Spätestens dann allerdings hätte er die Investoren an den Finanzmärkten, also die vielen kleinen und mittleren Eigentümer der Firma, informieren müssen. Er ist ihr Kontaktmann im Vorstand. Die Abteilung »Investor Relations« untersteht seiner Direktive. Doch die Kommunikation unterblieb, vier Tage lang. Pötsch wusste, dass der VW-Aktienkurs einen Firmenwert widerspiegelte, der nur noch nostalgischen Wert besaß. Er ahnte, dass die Firma soeben Milliarden Euro an Börsenwert verloren hatte. Aber er schwieg. Er habe abwägen müssen zwischen den Interessen der Firma und denen der Kleinaktionäre, sagt er zu seiner Rechtfertigung.

Es ist nicht die Tatsache, dass auf den Chefetagen Manager wie Pötsch sitzen, die uns überrascht, sondern dass man Männer wie ihn in voller Kenntnis der Vorfälle an die Spitze des Kontrollgremiums befördert hat. Ein Mann, in dessen Amtszeit der schwerste Verlust der Firmengeschichte fällt, dessen Frühwarnsystem nicht funktionierte, der die Kleinaktionäre täuschte und für den es angesichts seines Alters (65) und der noch laufenden Ermittlungen keinen Arbeitsmarkt gibt, erhält das höchste Gehalt, das je ein Aufsichtsrat in Deutschland erhalten hat. Wenn man das Vertrauen in wirtschaftliche Fairness, auch das in die Transparenz von Beförderungs- und Bezahlsystemen zerstören will, hat VW alles richtig gemacht. Nie war Volkswagen, an dem der Staat, also der Steuerzahler, durch das Land Niedersachsen maßgeblich beteiligt ist, weiter vom Volk entfernt.

Wenn es sich hier um die Ausnahmegeschichte einer Ausnahmefirma handelte, wäre die Angelegenheit ärgerlich, aber ungefährlich. Doch Wolfsburg scheint derzeit überall. Der Verlust von Maß und Mitte, der hier offenbar wurde, besitzt systemischen Charakter. Der Kapitalismus des 21. Jahrhunderts ist vielerorts der Augenblicksgier verfallen. Die Unterschiede zwischen den Branchen und Firmen lassen sich nicht mehr nur am Produktportfolio ablesen, sondern an Art und Umfang, wie Auftragnehmer bestochen, technische Details oder anderes manipuliert und Behörden hintergangen wurden.

Der Kapitalismus des 21. Jahrhunderts ist der Augenblicksgier verfallen.

Bei Siemens hat man die Belegschaftsfunktionäre durch Millionenzahlungen gefügig gemacht; bei Thyssen-Krupp bildete man Kartelle mit den Konkurrenten, bei der Deutschen Bank manipulierte man den Libor-Zins; bei Karstadt lebte der Vorstandschef in Saus und Braus, bis der Firma die Puste ausging; in nahezu der gesamten deutschen Autoindustrie wurden die gesetzlichen Abgasvorschriften lax gehandhabt.

Im Ausland sieht es nicht besser aus: Apple, Yahoo, Starbucks, Google und Microsoft verschieben ihre Gewinne weltweit so lange, bis für die Steuer möglichst wenig übrig bleibt. Apple sitzt derzeit auf einem Geldberg von 231,5 Milliarden Dollar. Über 90 Prozent dieser Reserven liegen außerhalb der USA. Apple will die Milliardenreserven nicht ins Heimatland bringen, weil dann Steuern von rund 35 Prozent fällig würden.

In der weltweiten Finanzindustrie zahlt man lieber Strafen, als sich an die Gesetze zu halten.

Bei BP trat Vorstandschef Bob Dudley erst jüngst den Beweis an, dass ein Milliardenverlust und ein Rekordbonus sich nicht ausschließen müssen. In der weltweiten Finanzindustrie zahlt man lieber Strafen – allein seit 2008 mussten europäische und amerikanische Institute rund 300 Milliarden US-Dollar an den Staat überweisen –, als sich an die Gesetze zu halten. Es wird mit einer Gleichgültigkeit getäuscht und getrickst, als seien die Finanzdistrikte eine rechtsfreie Zone. Der Ex-Investmentbanker von Goldman Sachs Fabrice Tourre schrieb in seinen E-Mails, die später bekannt wurden, er habe mit seinen Finanzprodukten »Frankensteins« und »Monster« erschaffen. Der Mann musste gehen, aber die Monster sind geblieben.

Es gibt mittlerweile kaum eine unschuldige Großunternehmung mehr. Selbst die Umsatz- und Gewinnerwartungen der börsennotierten Unternehmen sind ein großer Schwindel, der auch dann ein großer Schwindel bleibt, wenn sich scheinbar alle an ihn gewöhnt haben. Wenn Umsatz und Gewinn so gestiegen wären, wie es in den Geschäftsplänen der Jahre 2000 bis 2015 versprochen war, hätten wir eine Produktivitätsrevolution erlebt. Doch die Prognosen und die tatsächlich erzielten Resultate klaffen deutlich auseinander. In den Prognosen gibt es keine Rezessionen, keine Dellen, in der Wirklichkeit aber taucht beides pausenlos auf.

So ist denn über die Jahrzehnte eine prognostische Zwischenwelt entstanden, in der sich behauptete und wirkliche Welt nur noch selten begegnen. Man sieht sich, aber berührt einander nicht. Oder wie Botho Strauß es ausdrückt: »Früher gab's mehr von dem, was war. Heute gibt's zu viel von dem, was wird.«

In den Prognosen gibt es keine Rezessionen, keine Dellen, in der Wirklichkeit aber taucht beides pausenlos auf.

Die Unternehmen und die in ihnen verantwortlichen Manager betreiben den Zahlenschwindel vor allem deshalb, weil der Nachbar ihn auch betreibt. Beide wollen die Börse, genauer: die dort tätigen Fondsmanager, beeindrucken, damit sie in die Aktien der Firma investieren. Viele Chefs sind heute nicht mehr in erster Linie Chemiker, Logistiker, Software-Ingenieure oder Autobauer, sondern Aktienverkäufer. Einen Großteil ihrer Chefzeit verbringen sie damit, die Kennziffern ihrer Unternehmung zu vergrößern, zu verschönern, zu verzaubern, um schließlich den Firmengewinn als schneeweißes Kaninchen aus dem Zylinder der Zahlen zu ziehen.

In der Urform des Kapitalismus ging es noch um Produkte, um Labors und Fabriken, in denen Sicht- und Greifbares hergestellt wurde. Interessierte sich jemand für das Unternehmen, ob als Investor, Lieferant oder künftige Führungskraft, war der Gang durch die Werkshalle mehr als nur ein lieb gewordenes Ritual. Die Wirklichkeit wurde mit Auge, Nase und der ausgestreckten Hand begriffen. Man sprach deshalb auch von »Realwirtschaft«.

Im globalen Finanzkapitalismus, der permanent auf Selbstvergrößerung drängt, will niemand mehr die Fabrik oder die Produkte, aber alle wollen die Zahlen sehen. Es geht um die Magie der tausend Kennziffern, um Eigenkapitalquote, Forderungsumschlag, Liquiditätsgrad, Materialaufwandsquote, Cashflow, Anlagedeckungsgrad, Personalaufwandsquote, Profit pro Aktie und Verschuldungsgrad, um nur einige zu nennen. Die Wirklichkeit wird durch die Linse eines Power-Point-Beamers erfasst, und in der Schaltzentrale dieser sich selbst beschleunigenden Intensivierungs- und Optimierungsmaschine überlebt nur, wer die Kunst der Finanzalchemie beherrscht.

> Im globalen Finanzkapitalismus will niemand mehr die Fabrik oder die Produkte, aber alle wollen die Zahlen sehen.

An der Börse wird die Zukunft verkauft, heißt es oft. Doch in Wahrheit wird dort bereits die Zeit danach angeboten. Die entscheidende Frage lautet heute nicht mehr, ob ein Unternehmen an der Steigerung der Steigerung des zuvor Gesteigerten scheitert, ob die Erwartung der Erwartung misslingt, sondern wann es so weit ist. Die Hoffnung ist derivativ geworden. Der Vorstandschef weiß um das Surreale des Sachverhalts, der Aufsichtsrat ahnt es, und die Investoren haben es genau so bestellt.

Aber ohne Anstoß von außen, das heißt ohne eine Rezession, die überraschende Ab- oder Aufwertung der Währung oder den Ausbruch einer neuen Finanzkrise, wird keiner der drei Akteure dem jeweils anderen ein Zugeständnis machen. Alle drei sind in jenem »stahlharten Gehäuse« eingepfercht, als das Max Weber den Kapitalismus beschrieben hat. Angesichts der in seinem Innern herrschenden Unbedingtheit beteuert jeder dem anderen, dass er an das Ziel glaube, bis aus der Fremdwahrnehmung schließlich die Eigenerwartung geworden ist. Auf den Chefetagen herrscht ein vorsätzlicher Illusionismus, den Peter Sloterdijk treffend als ein »phantomhaftes System von Erwartungs-Erwartungen« beschrieben hat.

Auf den Chefetagen herrscht ein vorsätzlicher Illusionismus.

Alle Beteiligten wirken bei diesem unternehmerischen Selbstbetrug in Tateinheit zusammen. Jeder kann sich auf die Irrationalität des anderen verlassen: Der Investor verlangt das Unmögliche, um für ein paar Jahre zumindest das Maximale zu erhalten, bevor er seinen Anteilsschein hastig an den nächsten Gierigen weiterreicht.

Der Aufsichtsrat ist sein abhängig Beschäftigter und tritt in den Gremien der Firma als Vollstrecker des Investors auf. Er repräsentiert eine fremde, ihm eingepflanzte Unvernunft, die nur insofern vernünftig wirkt, weil er im Gegenzug Einkommen erhält und gesellschaftliche Reputation erfährt.

Womit wir beim Geschäftsführer wären, der seine Position in aller Regel dem Scheitern des Vorgängers verdankt. Er hat in der Firmensaga die Rolle von Siegfried dem Drachentöter zu spielen, denn er muss den Eindruck erwecken, als sei er unerschrocken, unverwundbar und über alle biologischen Limitierungen hinaus belastbar. Er ist schließlich angetreten, die Leistungsbilanz des Vorgängers zu übertreffen, nachträglich hat er die seiner Berufung zugrunde liegende Logik zu erfüllen.

Natürlich weiß er schon vor Amtsantritt, dass es ihm kaum besser ergehen wird als dem Siegfried der Nibelungensage, der schließlich von seinem Vertrauten Hagen von Tronje

(»Der Vierte in unserem Bunde sei der Tod«) niedergestreckt wurde. Nie war die Verweildauer von Vorstandschefs kürzer als heute. Nur noch vier Jahre kann sich der durchschnittliche CEO (Chief Executive Officer), wie sich die Persönlichkeit an der Spitze mit dem gebotenen Eigenstolz nennt, auf dem Gefechtsstand halten, bevor Hagen mit erhobenem Speer hinter ihm steht. Der Hagen von heute sieht aus wie ein Hedge-Fonds-Manager, ein übernahmewilliger Konkurrent oder ein Jungtalent aus der schneidigen Nachwuchstruppe, der das Phantomhafte des Vorgangs erst durchschaut und dann perfektioniert hat.

Auch deshalb handeln nicht wenige Vorstandschefs schon in der Stunde der Berufung die Abfindung für den Tag der Niederlage aus. Ihr Heldenmut ist, das unterscheidet sie von Siegfried, mathematisch kühl kalkuliert. Aufsichtsrat und Investor spielen mit, weil sie im Fall enttäuschter Hoffnungen die schnelle personelle Disruption brauchen, um das Spiel mit den Hoffnungen in die nächste Runde zu retten. So ist ein jeder die Marionette seiner Rolle.

Nicht wenige Vorstandschefs handeln schon in der Stunde der Berufung die Abfindung für den Tag der Niederlage aus. Ihr Heldenmut ist kühl kalkuliert.

In der wahren Wirtschaftswelt haben wir es – anders als in den Firmenreports behauptet – permanent mit Schwankungsvorgängen dramatischer Art zu tun. Das Erkennungszeichen der Märkte ist geradezu ihr unsteter Charakter. Technologische Sprünge, das kommt hinzu, entwerten das Bisherige mit der Brutalität einer Guillotine. Das scheinbar rationalste Feld menschlicher Aktivität, die Wirtschaft, fällt also durch fortgesetzte Irrationalität auf. Firmen und Marken steigen auf und verglühen. Nur in den Sternstunden der Marktwirtschaft finden Angebot und Nachfrage zueinander. Das Wesen des Kapitalismus ist eben nicht das Gleichgewicht, sondern das Schwankende. Gier und Größenwahn wechseln sich mit Phasen von Verzagtheit, Furcht und investiver Zurückhaltung ab. Seit 1945 erlebten wir allein in Amerika fünf, in Europa sogar sechs konjunkturelle Kontraktionsvorgänge, die einer schweren Magenverkrampfung gleichen und jede Firmenplanung binnen kürzester Frist in Altpapier verwandelten. Aus den unterschiedlichsten Gründen beginnt in gnadenloser Unregelmäßigkeit der Wirtschaftskörper zu zittern und zu stottern, alle messbaren Aggregate – die Beschäftigung, der Warenausstoß, der weltweite Handel – drehen in den roten Bereich.

Das Wesen des Kapitalismus ist eben nicht das Gleichgewicht, sondern das Schwankende.

Das Verblüffende ist, dass alles, was auf der volkswirtschaftlichen Ebene unausweichlich scheint, auf der Ebene der Einzelunternehmung keine Entsprechung finden soll. Es gibt kein namhaftes Unternehmen, dem es gestattet wäre, ein Stagnationsszenario oder gar einen Schrumpfungsplan zu verabschieden. Der Wachstumsimperativ ist kategorisch. Und er überfordert alle Beteiligten. Zu besichtigen ist – auch deshalb – eine Unternehmenslandschaft, die sich in ihrer Wachstumsnot und Wachstumswut einer Endmoräne gleich immer häufiger in das Grenzgebiet zwischen legal und illegal vorgeschoben hat. Erst auf Geheiß von Gerichten und Überwachungsbehörden kommt sie zum Stehen.

Die Lehre der vergangenen Dekaden spricht in klarer Sprache zu uns: überdrehte Unternehmensziele, wohin man schaut. Josef Ackermanns 25-Prozent-Eigenkapitalrendite, Martin Winterkorns Vorgabe, VW müsse zum größten Autobauer der Welt aufschießen, Jürgen Schrempps in Amerika und Asien zusammengekaufte Welt AG, Wendelin Wiedekings Verschluckungsidee, bei der »David« Porsche den »Goliath« VW in sich aufnimmt, die wahnhaften Expansionspläne des Anton Schlecker. Allein diese deutschen Beispiele zeigen, die permanente Überforderung führte am Ende nicht zu mehr Gewinn, sondern zu Verlust und Reputationsschaden. Die Unbarmherzigkeit der Vorgabe war der Vater, die menschliche Schwäche für Abkürzungen und Abwege die Mutter der Missgeburt.

Selbstverständlich war die Ära Ackermann eine Zeit außergewöhnlich hoher Gewinne, aber sie war mit der gleichen Selbstverständlichkeit eben auch eine Ära von Übertreibung, Manipulation und Gesetzesbruch. Toxische Wertpapiere wurden an ahnungslose Kommunen verkauft; der Zinssatz Libor – von dessen Höhe mehrere Millionen Hauskredite abhängen – wurde jahrelang manipuliert; die Steuerzahlung der Bank wurde unzulässig verkürzt; vorsätzlich verstieß man gegen das Sanktionsregime gegenüber Russland.

Längst übersteigen die gezahlten Strafgelder und die Rückstellungen für kommende Entschädigungen die Gewinne der zehnjährigen Schaffenszeit von Josef Ackermann.

In rund 8.000 Strafverfahren wird diese Epoche derzeit aufgearbeitet. Würde man die Gerichtsunterlagen zu einem Buch binden, entstünde das umfangreichste Druckwerk aller Zeiten. Die Bibel wäre ein Kurzroman dagegen. Längst übersteigen die gezahlten Strafgelder und die Rückstellungen für kommende Entschädigungen die Gewinne der zehnjährigen Schaffenszeit von Josef Ackermann an der Spitze des Geldhauses. Die Börsenkapitalisierung der Deutschen Bank zu Beginn des Jahres 2015 weist gegenüber dem Vergleichswert zu Beginn des Jahres 2000 einen Rückgang von 24 Milliarden Euro aus, was im Klartext bedeutet: Alle Anstrengungen des Vorstandes in den vergangenen 15 Jahren – mit seinen dauernden Strategieänderungen, den milliardenschweren Zukäufen und einem bis an die Grenze persönlicher Belastbarkeit geführten Lebens im Jetset der Hochfinanz – haben sich für die Anteilseigner der Bank nicht ausgezahlt. Die Deutsche Bank ist heute weniger wert als vorher. An der Börse wird sie nur noch zu 90 Prozent des Wertes gehandelt, den die Bücher der Bank als Vermögen ausweisen. Das darf man ohne Übertreibung als Misstrauenserklärung werten, und zwar als eine Misstrauenserklärung, die »der Markt« sich ironischerweise selbst ausstellt.

Auch bei Europas größtem Automobilkonzern, der Volkswagen AG, die mit rund 610.000 Beschäftigten in 31 Ländern ihre Fabriken betreibt, lässt sich die Kultur der Überforderung studieren. Erst wurden die Zulassungszahlen, dann die Abgaswerte und zwischendurch auch die Platzierungen in den jährlichen Hitlisten des ADAC manipuliert. Mittlerweile steht ein Schaden im Raum, der, zusammengesetzt aus Strafgebühren, Rechtsanwaltskosten und Kundenentschädigungen, womöglich den Nettogewinn vieler Jahre der achtjährigen Amtszeit von Vorstandschef Martin Winterkorn kostet.

Genau daran erkennen wir das Zeitalter der unternehmerischen Überforderung: Selbst jene Akteure, die sich viel auf ihre Rationalität zugute halten, erleiden einen Kontrollverlust, der irrationale Ergebnisse produziert und binnen kürzester Zeit den zentralen Unternehmenswert – das Vertrauen in die Marke – zerstört oder zumindest schwer beschädigt.

Für die Akteure selbst hat sich das Vorgehen, auch wenn es oft eher ein Wegschauen und Treibenlassen war, nicht ausgezahlt. Manager, die eben noch beim Staatsbankett neben der Kanzlerin speisten, finden sich als Ausgestoßene vor den Werkstoren wieder. Ihr neuer Alltag wird bestimmt von Zeugenaussagen, dem Halten von Verteidigungsreden und – im Falle ihrer Verurteilung – dem Verbüßen von Haftstrafen. Erst in der Stunde des erzwungenen Rücktritts erkennen sie, dass sie nicht die sind, für die sie sich gehalten haben. Die Verantwortlichen an der Spitze von Staat und Wirtschaft – der Psychologe Gustave Le Bon hat es ihnen vorhergesagt – sind eben nicht die »Schöpfer einer Epoche«, sondern nur »deren Geschöpfe«.

Es fällt schwer, die Betrügereien von Enron, Siemens, VW und Co. als Einzelfälle zu betrachten. Das Herdenhafte ihres Auftretens und das Systemische der hier wirksam gewordenen kriminellen Energie deuten darauf hin, dass wir es mit einem neuen Wesenszug des Kapitalismus zu tun haben, womöglich mit seiner Entartung. Die Wirtschaft glaubt in Zeiten beschleunigter Globalisierung und permanenter Modernisierungsschübe ihre Staatlichkeit samt nationaler Rechtsordnung abstreifen zu können. Hundertschaften hochbezahlter Anwälte und sogenannte »Legal Adviser« ermunterten sie, im nebeligen Grenzgebiet zwischen »erlaubt« und »verboten« zu siedeln. Das wurde in grauer Vorzeit als »unverantwortlich« angesehen, dann auf »riskant« heruntergestuft, bevor es plötzlich als »smart« galt. Das Leitbild des »ehrbaren Kaufmanns« wurde in einer Art Gegenbewegung geschrumpft, die Überzeugung von Robert Bosch, der seine Firmenkultur auf dem Satz gründete »Wir verlieren lieber Geld als das Vertrauen unserer Kunden« gilt heute als Motto eines unverbesserlichen Spießers. Wer sich heute auf den »roten Robert« beruft, wie er schon zu seiner Zeit genannt wurde, wird vom Establishment nicht bewundert, sondern schräg angeschaut.

Zwar haben Karl Marx, Friedrich Engels, Georg Lukács und andere ausgiebig beschrieben, was der Kapitalismus mit dem Arbeiter macht. Wie das System ihn unterdrückt, auspresst, ihn seiner selbst entfremdet, bis die Geschichte ihm als »ununterbrochenes Opferfest« (Marx) erscheint und im Zuge der mechanisierten Produktion die Individuen sich schließlich in »isolierte und abstrakte Atome« (Lukács) verwandeln.

Der Manager im Kapitalismus ist nicht annähernd so sorgfältig untersucht worden. Wie die Kommerzialisierung allen Denkens auf ihn wirkt, welche Verfremdungs- und Verformungsarbeit die subtilen Mechaniken des Systems an ihm verrichten, kann nur vermutet werden. Mag der Bildungs- und Erfahrungshorizont des Vorstandschefs weiter gespannt sein als der des Arbeiters, so ist er doch nicht der Übermensch, nach dem das System verlangt. Auch er ist, hierin mit dem Arbeiter in systemischer Abhängigkeit vereint, nur das »Zubehör einer Teilmaschine« (Marx).

Der Prozess der beschleunigten Globalisierung hat noch etwas anderes bewirkt, das unsere Aufmerksamkeit verdient. Manager und Eigentümer der großen Unternehmungen wurden den Politikern in dem Maße ähnlicher, wie sie deren Spielfeld betraten. Diese Verwandlung geschah keineswegs bewusst und freiwillig, sondern eher intuitiv und durch die Entwicklung bedingt. Der Übergang vom Exportkapitalismus, der im Heimatland produzierte und in Übersee Vertriebspartnerschaften unterhielt, zu einem globalen Produktionsverbund, dessen Wertschöpfungskette sich durch China, Indien, die Türkei und Amerika schlängelt, brachte einen neuen Managertypus her-

Manager und Eigentümer der großen Unternehmungen wurden den Politikern in dem Maße ähnlicher, wie sie deren Spielfeld betraten.

vor. Er ähnelt heute dem Politiker in Denk- und Sprechweise mit allen Folgen, die sich daraus für das ohnehin angespannte Verhältnis der Wirklichkeit zur Wahrheit ergeben. Hannah Arendt schreibt in ihrem Essay »Politik und Wahrheit«: »Niemand hat je bezweifelt, dass es um die Wahrheit in der Politik schlecht bestellt ist, niemand hat je die Wahrhaftigkeit zu den politischen Tugenden gerechnet. Lügen scheint zum Handwerk nicht nur des Demagogen, sondern auch des Politikers und sogar des Staatsmannes zu gehören.« Diese Erkenntnis ist heute auch für den Beruf des Wirtschaftsführers gültig.

Er denkt, spricht und handelt nun taktisch; Nützlichkeitserwägungen schieben sich zwischen ihn und die Wirklichkeit, wenn er in China seine Investitionen tätigt, in Iran ein Gemeinschaftsunternehmen verabredet oder sich im Kongo an der Erschließung von Rohstoffquellen beteiligt. Und mit Rücksicht auf den Börsenkurs glaubt er, sich auch daheim die Wahrheit nur in geringen Dosen leisten zu können. Seine Analysen und Prognosen sind im Wesentlichen von Interessen geleitet, nicht von den Tatsächlichkeiten. So bringt er das Karussell, von dem er bald schon fliegen wird, selbst auf Tempo. Wenn es denn ein Merkmal der modernen Unternehmensführung gibt, das allen Branchen gemeinsam ist, dann ist es diese Selbstbeschleunigung, wobei die Sprache den tatsächlichen Ereignissen vorauseilt. Oft uneinholbar.

Die Erfüllung von Umweltstandards wird beispielsweise erst versprochen und dann nur mit Hilfe von Manipulationssoftware erreicht. So schrumpft selbst die technische Innovation von der Tatsache zur Behauptung. Dass nahezu die gesamte Riege der Dieselhersteller in die eine oder andere Trickkiste griff und man enttäuschte Kunden und Rechtsrisiken in Kauf nahm, zeigt den epidemischen Charakter eines überdrehten

Systems. Eine ganze Managergeneration ist der Beschleunigungssucht verfallen, die sich mit redlichen Mitteln offenbar nicht befriedigen lässt. Also wird zur Droge der synthetischen Erfolge gegriffen – bei den Banken genauso wie in der Autoindustrie. Dass der Schwindel irgendwann auffliegt, ist vorher klar. Doch jeder hofft, dass es nicht mehr in seiner Amtszeit passiert.

Die internationalen Steuergesetze mit ihren Anreizstrukturen, für die unsere Politiker die Verantwortung tragen, tun ein Übriges, um den Manager in seiner Beschleunigungssucht zu bestärken. Die Grenzen zwischen »noch clever« und »schon illegal« verschwimmen ihm vor den Augen. Er hat im Zuge seines Aufstiegs eine ethische Unempfindlichkeit entwickelt, oft auch gegenüber sich selbst.

Die Experten der globalen Großkanzleien dienen dem Vorstandschef dabei nicht nur als Ratgeber und Regieanweiser; sie bieten ihre Dienste auch als juristische Eingreiftruppe an, die verspricht ihn rauszupauken, falls er in Not gerät. Die bedeutsamste Funktion dieser Elite ist dabei eine psychologische; die Juristen geben den Tätern das Gefühl, an ihrer eigenen Tat nicht mehr beteiligt zu sein. Im Vertrauen auf Bildung, Leistung und gesellschaftlichen Rang der Berater wurde an deren Lack nie gekratzt, sodass ihre nur unzureichende ethische Grundierung zunächst unsichtbar blieb. So haben wir es denn heute mit einer Kultur des Wirtschaftsverbrechens zu tun, die den handelnden Vorstand zum Zuschauer der eigenen Tat macht.

Zumindest glaubt er das bis zu dem Moment, in dem Staatsanwalt, Kriminalpolizei oder Steuerfahnder vor seinem

Viele Wirtschaftsjuristen geben den Tätern das Gefühl, an ihrer eigenen Tat nicht beteiligt zu sein.

Privathaus stehen. Mit dem Druck auf den Klingelknopf zerreißt der Nebelschleier der Unschuldsillusion. Die meisten der Betroffenen allerdings, die Namen kann mittlerweile jedes Kind buchstabieren, haben auch dann noch Mühe, aus der Trance zu erwachen. Sie brauchen oft Jahre, um zu begreifen, dass sie für beides haften, ihre Taten und ihre Unterlassungen.

Die Börse besitzt ihren nicht zu unterschätzenden Anteil an der allgemeinen Verlotterung der Sitten. Ihre Seele besteht ja gerade darin, dass sie keine besitzt. Ihr Lack kommt oft ohne ethische Grundierung aus, was dadurch gerechtfertigt wird, dass diese von keinem je bestrittene Wertfreiheit der Finanzmarktplätze für alle Firmen und Financiers gleichermaßen gilt. Die Schummelei wurde sozusagen demokratisiert.

Nur noch der Narr und der Kleinaktionär glauben, dass die Börsenkurse etwas mit Angebot und Nachfrage zu tun haben.

So glauben nur noch der Narr und der Kleinaktionär, dass die Börsenkurse etwas mit Angebot und Nachfrage zu tun haben. Viele vertrauen weiter auf die »unsichtbare Hand«, von der uns der Moralphilosoph Adam Smith einst berichtet hat. Die Puppenspieler am Ende der Marionettenfäden wissen es besser. Die unsichtbare Hand sieht aus wie der starke Arm eines Investmentbankers, der im Auftrag seiner Kunden die Kurse macht. Er besitzt die Lizenz zum Kaufen und Verkaufen, sitzt auf Milliarden und Aber-Milliarden von Geld und Aktien, die je nach Börsenlage und Stimmung über die digitalen Einschussbahnen zur Injektion gebracht werden.

An den 500 größten US-Unternehmen lässt sich das Vorgehen unter Echtzeitbedingungen studieren. In den Achtzigerjahren waren es zwei Prozent der Firmengewinne, die zum Rückkauf eigener Aktien eingesetzt wurden. Damit ließ sich der Kursverlauf leicht glätten, und an schlechten Börsentagen – erst recht kurz vor der Hauptversammlung – konnte man die Stimmung des Publikums ein wenig aufhellen. Der Aufkauf eigener Aktien sorgte dafür, dass der Kurs leicht stieg oder zumindest nicht abrupt nach unten schoss. Der Kurs wurde beeinflusst, aber nicht gemacht.

Der Staat schaut diskret zur Seite, sodass der moderne Investmentbanker den legalen Betrug der Kursmanipulation als neue Dienstleistung anbieten kann.

In den Neunzigerjahren des letzten Jahrhunderts setzten die Top-500 der US-Wirtschaft bereits 25 Prozent ihrer Gewinne für derartige Maßnahmen zur Kurspflege ein. Der Aufkauf eigener Aktien ist zum neuen Standard geworden. Der Staat schaut diskret zur Seite, sodass der moderne Investmentbanker den legalen Betrug der Kursmanipulation als neue Dienstleistung anbieten kann. Er sorgt seither dafür, dass diese Auf- und Zukäufe, je nach Kundenwunsch, auch im Halbschatten der Anonymität stattfinden können. Der Kursentwicklung sieht man nicht an, wer sie wie beeinflusst hat. Während im Sport das Doping wenigstens offiziell verboten ist, hat man hier eine neue, höchst effektive Form gefunden, die Leistung einer Unternehmung so zu stimulieren, dass es dem ungeübten Betrachter nicht weiter auffällt.

Im Jahr 2015 erreichte dieses Kursdoping einen neuen, wahrscheinlich auch wieder nur vorläufigen Höhepunkt. Es wird gespritzt, als gebe es kein Morgen. Mittlerweile geben die 500 größten Firmen Amerikas 50 Prozent ihrer Gewinne – also rund 600 Milliarden Dollar – für den Rückkauf ihrer eigenen Aktien aus. Und das ist nur die Durchschnittszahl.

Manche — wie McDonald's, General Motors und Microsoft — investieren mehr als ihren Jahresgewinn in die Kurspflege, was nichts anderes bedeutet, als den Anleger kunstvoll in die Irre zu führen. Im Kapitalismus traditioneller Prägung dienten die Gewinne noch der Finanzierung von Investitionen, also der Errichtung moderner Labors, zusätzlicher Lagerplätze und neuer Fabriken. Im Finanzkapitalismus dienen sie oft nur noch der Errichtung von Traumschlössern. Wehe dem, der es wagt, hinter die Fassade dieser selbst gefertigten Aktienkurse zu schauen. Hier lauern Risse in der Tektonik, die schwerere Beben befürchten lassen.

Im Finanz-kapitalismus dienen Gewinne oft nur noch zur Errichtung von Traumschlössern.

Da das schlechte Vorbild schneller Schule macht als das gute, haben es sich auch die renommierten Adressen der US-Wirtschaft angewöhnt, ihre Kurse selbst zu gestalten. Apple tut es, Pfizer, Oracle und Walmart tun es auch. Das Geld stammt — und hier schließt sich der Teufelskreis — zumeist von den Banken, die im Zeitalter der Null-Zinspolitik den Stoff für die Marktmacher, die »Marketmaker«, wie sie genannt werden, gleich mitliefern. Riesige Schuldenberge, weit außerhalb der staatlichen Statistiken, sind so entstanden. Knapp vier Billionen, das entspricht den deutschen Unternehmensgewinnen der vergangenen acht Jahre, haben allein die 500 größten US-Unternehmen bei ihren kreditgebenden Banken aufgenommen.

Zusammenfassend können wir also feststellen: Unser Wirtschaftssystem wird heute nicht von außen bedroht, sondern aus seinem Innersten. Ein in mehrfacher Hinsicht überforderter und zuweilen geistig verwirrter Kapitalismus reitet immer heftigere Angriffswellen gegen sich selbst. Der große

Vertrauenskredit, den die Gesellschaften ihm nach dem Zusammenbruch
des Kommunismus gewährt haben,
wurde weitgehend verspielt. Die
Sozialpflichtigkeit des Eigentums,
die in Artikel 14 des Grundgesetzes
niedergeschriebene Anforderung, dass
jegliches Privateigentum »zugleich dem
Wohle der Allgemeinheit« zu dienen hat, wirkt
wie das Echo einer untergegangenen Zeit.

Ein in mehrfacher Hinsicht überforderter und zuweilen geistig verwirrter Kapitalismus reitet immer heftigere Angriffswellen gegen sich selbst.

FINANZMARKT

Die unheilige Allianz von Banken und Staaten

Europas Regierungen und der ihnen assistierende EZB-Präsident sind aus Erfahrung nicht klug, sondern stur geworden. Sie bekämpfen eine Finanz-, Euro und Staatsschuldenkrise nun schon im achten Jahr mit der gleichen Politik, die zur Krise geführt hat. Wie von Sinnen schickten sie der ersten großen Schuldenlawine viele weitere hinterher. Wenn es Olympische Spiele für die Uneinsichtigen dieser Welt gäbe, wären Mario Draghi und Angela Merkel bereits mehrfach mit Gold dekoriert.

Der Befund nach all den Jahren der erst hastig aufgespannten Rettungsschirme und dann zunehmend routinierter geschnürten Kreditpakete könnte trostloser kaum sein: Die Geberländer des europäischen Nordens und die Notenbank in Frankfurt finanzieren weiterhin notleidende Staaten und marode Banken. Sie lassen jede Nacht die Notenpresse rattern mit der Folge, dass in den Adern des europäischen Finanzsystems künstlich geschöpftes Notenbankgeld zirkuliert. Da diesem in der Realwirtschaft kein Gegenwert entspricht, kommt es zu jenem Phänomen, das Ludwig Erhard »die Verdünnung unseres Geldes« genannt hat. Nicht nur die Sparer wissen, was hier gemeint ist.

Wenn denn eine unvernünftige Politik zu vernünftigen Ergebnissen führen würde, hätte alle Kritik zu verstummen. Würde der Süden Europas prosperieren, könnten die angeschlagenen Banken die Sanierung ihrer Bilanzen melden, ginge Europa insgesamt gestärkt oder doch wenigstens geeint aus dem ganzen Schlamassel hervor, die Mahner hätten Sendepause. Prinzipien kann man nicht essen, würden wir uns selbst zurufen. Seht her, Europa funktioniert als große Besserungsanstalt für Frieden und Wohlstand. Besondere Situationen erfordern besondere Maßnahmen, Regelverletzungen inklusive. Vive l'Europe!

Aber genau diese Hoffnung ist nicht aufgegangen. Es ist sogar von allem, was Draghi und Merkel wollten, das Gegenteil eingetreten. Das neu gedruckte Geld verschwindet in den schwarzen Löchern der südeuropäischen Volkswirtschaften. Die Länder holen nicht auf, sondern fallen zurück. Zehn Millionen Spanier, Italiener, Griechen und Portugiesen sitzen schlecht gelaunt und arbeitslos vor ihren Häusern. Die von der Notenbank gekaufte Zeit wurde von den Regierungen in Athen und anderswo nicht für Reformen, sondern für Rauschhaftigkeiten aller Art genutzt. Die Staatshaushalte der Südstaaten stehen wie Drogenabhängige vor uns; abgemagert, wenig leistungsfähig, kreditsüchtig.

In der Finanz- und Geldpolitik ist der Illusionscharakter europäischer Politik am deutlichsten zu erkennen. Die Staaten reden von Reform und greifen dann doch wieder zu der einen Schachtel, auf der steht: Kredit. Schulden sind die einzige bewusstseinserweiternde Droge, die legal erworben werden kann. Auf den unzähligen Euro-Rettungsgipfeln finden Helfer und Abhängige zueinander, um die Konditionen zu besprechen.

Schulden sind die einzige bewusstseinserweiternde Droge, die legal erworben werden kann.

Die Staats- und Regierungschefs sagen, sie würden aus Sorge um Europa handeln; aus Angst vor dem Aufflackern von Unfrieden bekämen die Völker das Narkotikum verabreicht. Während der Einnahme mahnen sie die Bürger, sich der Gräueltaten zweier Weltkriege zu erinnern; die Vergangenheit soll ihnen die Zukunft soufflieren. Man fühlt sich an Franz Kafka erinnert, der über sein Elternhaus sagte: »Nichts wollen die Eltern, als einen zu sich herunterziehen in die alten Zeiten, aus denen man aufatmend aufsteigen möchte. Aus Liebe wollen sie es natürlich. Das ist ja das Entsetzliche.«

Für die Deutschen, obwohl sie gegen ihre innerste Überzeugung in die Politik der wundersamen Geldvermehrung eingestiegen sind, hat sich diese Liebe zu Europa nicht ausgezahlt. Sie werden, anders als erhofft, nicht zurückgeliebt. Ihre Sparsamkeit wird bewundert – und abgelehnt. Die schröderschen Arbeitsmarktreformen werden sonntags gefeiert – und werktags bekämpft. Das Eintreten der Bundesbank für eine Philosophie des knappen Geldes erfährt Zuspruch ob seiner gedanklichen Stringenz – und wird im Direktorium der EZB mit leichter Hand verworfen. Nicht jetzt! Später vielleicht! Vorher schnell noch eine Dosis Kredit, bitte!

So wurde das leistungsfreie Grundeinkommen für alle europäischen Staaten de facto zur Wirklichkeit, mit dem absehbaren Ergebnis: Die Verschuldung innerhalb der Eurozone, die 1980 erst bei unter 50 Prozent des Sozialprodukts lag, hat sich auf heute 93 Prozent der Wirtschaftskraft gesteigert. Der

Maastricht-Vertrag mit seiner eingebauten Schuldenbremse hindert kaum einen Euro-Staat daran, diese Grenze zu überschreiten. In Wahrheit wurde die Bremse längst ausgebaut. Wären nur noch die Staaten dabei, die den Vertrag einhalten, müssten wir uns die Euro-Zone als einen menschenleeren Ort, vergleichbar der sibirischen Taiga, vorstellen. Nur noch zwölf Millionen von heute 509 Millionen EU-Bürgern würden in dieser Hartwährungszone leben. Alle Großstädte von Berlin, Madrid, Paris, Rom, Athen bis hinunter nach Lissabon wären draußen vor der Tür.

Die Experten in der Londoner City nennen es »wealth creation«, die künstliche Erzeugung von Wohlstand.

Aller Schwindel beginnt mit Metaphernschwindel. So kam es denn europaweit in den vergangenen Jahren zu einer Neudefinition der für das Funktionieren einer Volkswirtschaft wichtigen Grundbegriffe. Wer von »Stabilität in Europa« spricht, meint die Abwesenheit von Tragödien. »Wohlstand« in Zeiten der Wohlstandsillusion ist nicht mehr das, was die Nation besitzt, sondern das, was sie verbraucht. »Reich« wird man nicht durch harte Arbeit, sondern durch den ungehinderten Zugang zur Notenpresse. Die Experten in der Londoner City nennen es »wealth creation« und meinen damit die künstliche Erzeugung von Wohlstand.

Nach Amerika startete auch Europa einen »debt supercycle«, einen Zyklus enthemmter Verschuldung. Denn der mit dem Leihgeld erkaufte Wohlstand, messbar am Anstieg des Bruttosozialprodukts, wird zur Berechnungsgrundlage für neues Leihgeld. So erweitert der Kredit die Kreditmöglichkeit. Der Schein triumphiert über das Sein. Das Unwirkliche erklärt sich in einem Akt der Selbstkrönung zur neuen Wirklichkeit.

Möglich wird dieser Vorgang durch eine Intimität zwischen Politik und Finanzindustrie, für die es in der Geschichte kein Vorbild gibt. Der Staat, von Hause aus für das Setzen des unternehmerischen Rahmens zuständig, und die privaten Banken, ursprünglich mit der Geldversorgung der Volkswirtschaft beauftragt, begannen eine Beziehung, bei der jeder in den Grenzbereich des anderen vorstieß. Plötzlich kooperierten Staat und Banken nicht nur, sondern sie kopulierten. Die Banken wurden zum Ermöglicher von Politik; der Staat stieg zum Protegé des Geldgewerbes auf. So hat man den für die Marktwirtschaft konstituierenden Zusammenhang von Risiko und Verantwortung entkoppelt, die Trennung von Privatinteresse und Gemeinwohl aufgehoben. Die Geldindustrie wurde »systemisch«, wie die Finanzminister sich auszudrücken pflegen.

Der Staat stieg zum Protegé des Geldgewerbes auf. So hat man den Zusammenhang von Risiko und Verantwortung entkoppelt.

Ausgerechnet im Zentralbereich unserer Marktwirtschaft kam es damit zu einer Mutation. Ein Hybrid erblickte das Licht der Welt, der die Artengrenze von Staat und Privatwirtschaft übersprungen hat. Eine Bastardökonomie bildete sich heraus, die in der klassischen Volkswirtschaftslehre nicht vorgesehen war.

Nirgendwo im Westen ist der Staat noch der, als der er sich ausgibt. Er ist heute eine Art Doppelwesen, das tagsüber auf dem roten Teppich wandelt, umbraust von Militärkapelle und Nationalhymne, um sich des Nachts im Schattenreich der globalen Finanzmärkte seinen Nachschub an Geld zu besorgen. Wann immer die Marktwirtschaft Zeichen von Schwäche zeigt, spritzt der moderne Politiker ihr einen Stimuluscocktail, bis die Wirtschaft zu florieren und der Bürger zu halluzinieren beginnt. Die Geldschöpfung, im Politikbetrieb »stretching the Euro« genannt, befriedigt das Geschäftsinteresse der Banken genauso wie das Wählerbeglückungsinteresse der Politik. Die Banken tauschen Geld gegen mehr Geld, die Regierungen Geld gegen Wahlerfolge. Die Rechnung für diese Zusammenarbeit, darin liegt die fatale Logik der Bastarde, wird zeitversetzt zugestellt, und zwar an jene Menschen, die erst noch geboren werden müssen.

Banken retten Staaten, Staaten retten Banken, und wenn beide nicht mehr weiterwissen, gehen sie zur Notenbank.

Die unheilige Allianz, die von der US-Immobilienkrise über die Lehman-Pleite zur schwersten Finanzkrise seit der Großen Depression des vorigen Jahrhunderts führte, wurde nach dem Beinahe-Zusammenbruch des Weltfinanzsystems im Jahr 2008 keineswegs beendet. Die bastardisierten Verhältnisse – Banken retten Staaten, Staaten retten Banken, und wenn beide nicht mehr weiterwissen, gehen sie zur Notenbank – sind im Gegenteil in das Stadium ihrer Ekstase eingetreten. Die Notenbanken in den USA und Europa kaufen nicht mehr nur Staatsanleihen notleidender Nationen, sondern auch Immobilienkredite, Aktien und Schuldverschreibungen von Autofirmen, Stahlwerken und Versicherungskonzernen. So werden die bisherigen Halter dieser Papiere auf Kosten der Allgemeinheit entlastet. In einem physikalisch bemerkenswerten Echtzeitexperiment wird nicht nur das Geld verdünnt, sondern zugleich wird die Marktwirtschaft, einst der Kern vom Kern unserer Gesellschaftsordnung, infrage gestellt.

Der dem Gemeinwohl verpflichtete Politiker und die auf Gewinnmaximierung ausgerichteten Banken verstehen sich nicht länger als Gegenspieler, sondern als Partner. Sie bilden

eine Zugewinngemeinschaft mit angeschlossener Rückversicherung. Der eine kann ohne den anderen nicht mehr leben.

Weder der einzelne Politiker noch ein bestimmter Bank-
chef sind hier anzuklagen, sondern die Art und Weise, wie sich
ihre Interessen und Aufgaben über die Jahre miteinander ver-
woben, verklebt und verfilzt haben. Nicht Goldman Sachs oder
die Deutsche Bank für sich bilden das »systemische Risiko«,
sondern der ungerührte und durch keine westliche Gesellschaft legitimierte Fortbestand dieser Bastardökonomie.

Die besonderen Beziehungen zwischen Finanzindustrie
und Staat haben sich nicht spontan ausgebildet. Sie sind die
Antwort des Establishments auf das Abschmelzen der industriellen Kerne, das sich überall im Westen beobachten lässt. Beginnend mit dem Niedergang der klassischen Industr"reviere
in Pennsylvania, Manchester und dem
italienischen Norden, kam es überall
zu einer Wachstumsverlangsamung.
Arbeitsplätze und Kapital wurden
mobil, das Zeitalter der Globalisierung
hatte begonnen. In der Zeit von 1950 bis
1970, das Ruhrgebiet war noch das industrielle Zentrum Europas, wuchs die deutsche Volkswirtschaft
jährlich um durchschnittlich 6,3 Prozent. Zwischen 1970 und
1990 drosselte die Volkswirtschaft ihr Wachstumstempo um
fast zwei Drittel auf 2,5 Prozent. Und von 1990 bis 2016 wurde
die bereits abgesenkte Zuwachsrate nochmals halbiert – auf
ein Wachstum von durchschnittlich 1,3 Prozent. Die deutsche
Wirtschaftsgeschichte ist also – wie die amerikanische, die
französische und die britische auch – trotz aller Innovations-
und Exportfreude eine Geschichte der Wachstumsverlangsa-

> **Die besonderen
> Beziehungen von
> Finanzindustrie
> und Staat sind die
> Antwort des Estab-
> lishments auf das
> Abschmelzen der
> industriellen Kerne.**

mung, was nach den stürmischen Weltkriegsfolgejahren niemanden verwundern muss. Die hohen Wachstumsraten werden nun in Fernost erwirtschaftet.

Daraus wäre dem Westen kein Drama erwachsen, hätte das Volk seine Erwartungen und der Staat seine Ausgaben den neuen Gegebenheiten angepasst. Doch nichts davon geschah. Die Kunst der Politik bestehe im Bohren dicker Bretter, hatte Max Weber einst gesagt. Doch die Kunst der nun folgenden Regierungen bestand darin, zu bohren, ohne das Brett zu berühren.

Die weitgehend unregulierte Globalisierung richtete vor allem im unteren Drittel der Gesellschaft Verwüstung an.

So setzte sich der Druckabfall im Innern der westlichen Volkswirtschaften ungebremst fort. Die weitgehend unregulierte Globalisierung kam wie eine Sturmflut über den Westen und richtete vor allem im unteren Drittel der Gesellschaft Verwüstung an. Es kam zur Teilentwertung der Arbeitskraft. Die Durchschnittslöhne der einfachen Arbeiter und Angestellten sanken.

Die politische Klasse weiß, was das für sie bedeutet. Jede Abstiegsgeschichte ist Gift für die Wiederwahl. Also fing man an, sich heimlich Wohlstand bei den Banken dazuzukaufen. Aus dem Flirt von Politik und Finanzindustrie wurde bald schon eine Liaison, ein ständiges Nehmen und Sich-nehmen-Lassen begann. Raghuram Rajan, Ex-Chefökonom des IWF und bis August 2016 Notenbankchef in Indien, schrieb in einem Beitrag für *Foreign Affairs*:

»Bereits Jahrzehnte vor der Finanzkrise verloren die entwickelten Volkswirtschaften ihre Fähigkeit, dadurch zu wachsen, dass sie sinnvolle Güter produzierten. Nachdem die tief hängenden Früchte geerntet waren, wurde es schwerer, die Volkswirtschaft voranzutreiben. Aber die entwickelten Volkswirtschaften mussten irgendwie die Arbeitsplätze ersetzen, die an den technischen Fortschritt und ausländische Wettbewerber verloren gingen, und sie mussten weiterhin zahlen für die Renten und Gesundheitsversicherung ihrer alternden Bevölkerung. In der Absicht, das Wachstum anzukurbeln, haben die Regierungen mehr ausgegeben, als sie sich leisten konnten.«

Der Haushaltsplan des Bundesfinanzministers dient als Logbuch der langen Reise in den Schuldenstaat. Derweil die Wachstumsraten abknickten, schoss spiegelbildlich der Kreditbedarf nach oben. 1980 betrug die deutsche Staatsverschuldung erst 239 Milliarden Euro oder 30 Prozent der Wirtschaftskraft. Zum Jahresanfang 2015 sind daraus zwei Billionen oder runde 78 Prozent der Wirtschaftskraft geworden. Allein während der Amtszeit von Angela Merkel hat sich die nominale Staatsschuld verdoppelt.

Allein während der Amtszeit von Angela Merkel hat sich die nominale Staatsschuld verdoppelt.

Das öffentliche Geld fließt nicht — wie zuweilen behauptet wird — in den Zukunftsaufbau. Seit Jahrzehnten gehen die Investitionen für Bestand und Ausbau unserer Infrastruktur zurück, und man muss kein Bauingenieur sein, um die Erosion zu erkennen. Schulgebäude verfallen, Kanäle verschlammen, Straßen brechen auf, Brücken stürzen ein, Theater und Schwimmbäder müssen schließen. Der Anteil der Investitionen an allen öffentlichen Ausgaben, die sogenannte Investitionsquote des Staates, hat sich seit der Regierungszeit von Helmut Schmidt mehr als halbiert. Wie in Zeitlupe kann man dem eigenen Land beim Verfallen zuschauen.

Allein um den Wert von Schulen, Universitäten, Brücken, Kanalisation, Straßen und Schienennetz im Status quo zu erhalten, müsste man jedes Jahr hohe zweistellige Milliardenbeträge aufwenden. Sinken die Investitionsausgaben unter den Wert der Abschreibungen, haben wir es mit Substanzverzehr zu tun. Seit 2003 ist das in Deutschland der Fall. Das DIW schätzt die jährliche Investitionslücke auf mittlerweile 75 Milliarden Euro.

In seiner unstillbaren Gier nach Gegenwart riskiert der Staat seine Zukunft.

Die Umverteilung unserer Tage findet also nicht nur zwischen Arm und Reich statt, sondern auch zwischen Alt und Jung sowie zwischen Geboren und Ungeboren. Unsere Kinder und Nachfahren sind dazu verdammt, hohe Wachstumsraten zur Bedienung der Billionenschuld zu erwirtschaften. Gelingt ihnen das nicht, wartet auf sie ein Leben in Zinsknechtschaft. In seiner unstillbaren Gier nach Gegenwart, die vor allem als sozialpolitische Gegenwart verstanden wird, riskiert der Staat seine Zukunft.

Den Nukleus der Sonderbeziehung zwischen Staat und Finanzsektor bildet die vom Gesetzgeber in die Wege geleitete Absenkung der Eigenkapitalquoten zum Betreiben von Bankgeschäften. Früher war der ausgereichte Kredit durch eine Spareinlage gedeckt. Der Volksmund hielt die Zustände treffend fest: Die Bank war eine Bank, unumstößlich, wetterfest, gebaut für die Ewigkeit.

Doch aus Bankiers wurden Banker, und die Leichtbauweise der Finanzinstitute kam in Mode. Betrug das Verhältnis von Eigenkapital und verliehenem Kapital vor hundert Jahren noch 40:60 Prozent, schrumpfte es im Jahr 2007 auf ein Verhältnis von 5:95 Prozent. Die Banken hatten damit de facto eine Casino-Lizenz erhalten. Sie durften nun Risiken in ihre Bücher nehmen, die sie im Fall der Fälle nicht selbst tragen konnten. Der Staat, obschon selbst bis über die Halskrause verschuldet, stand als Retter bereit.

Und noch einen Trick fand man, um die Beziehung von Schuldenstaat und kreditgebender Bank zu festigen. Man räumte der Staatsanleihe einen Sonderstatus ein. Sie zählt nicht als Kreditposition in der Bank-bilanz, was sie eigentlich ist, sondern als Eigenkapital. Sie muss also nicht besichert werden. Damit wurde der Schuldschein des Staates von »riskant« auf »sorglos« umetiket-tiert. Die Staatsanleihe konkurriert nicht mit Unternehmensanleihen, Aktien und Immobilieninvestments, sondern begründet eine Anlageklasse von eigener Erhaben-heit. Der Staat hatte sich als Schuldner selbst einen VIP-Status eingeräumt.

Die Banken haben de facto eine Casino-Lizenz erhalten.

Die Banken begannen, staatliche Schuldscheine in erhebli-cher Höhe zu erwerben, da diese dazu dienten, andere Risiko-positionen in der Bilanz zu decken. Das wiederum führte dazu, dass Staaten wie Griechenland mit Krediten regelrecht vollgestopft werden. Die Interessen der Banken — Kredit verkaufen — und die Interessen des Staates — Kredit verbrau-chen — waren in Absurdität vereint.

Am schwunghaften Handel mit Staatsanleihen kann man die gestiegene Bedeutung der Banken für den Staat ablesen. Das Weltsozialprodukt verdreifachte sich zwischen 1990 und 2015. Das Volumen der Geschäfte mit Staatsanleihen hat sich im selben Zeitraum verfünffacht. Die Staaten werden diese Ausnahmeregelung für die Staatsanleihe niemals zurückneh-men. Sie ist mittlerweile die Grundlage der modernen Staats-finanzierung. Die gegenseitige Abhängigkeit erlaubt keine Experimente, denn jedermann weiß: Bebt die Bankenland-schaft, wackelt die Staatsfinanzierung — und umgekehrt. Die Rückkehr zur Normalität würde viele Staaten von der weiteren Schuldenaufnahme abschneiden, womöglich auch Italien und Frankreich; für andere, wie Deutschland, würden spürbare Mehrausgaben bei der Kreditaufnahme entstehen.

Nun sollten wir nicht so tun, als habe die neue Zeit nur Verlierer produziert. Das hat sie nicht. Kaum treten wir aus dem Schatten der staatlichen Schuldenberge heraus, sehen wir die Sonne, die auf die Hochhäuser der Banken scheint. Hier wohnen die großen Ermöglicher von Politik. Dem Finanzsektor ist die staatliche Kreditsucht gut bekommen.

Bebt die Bankenlandschaft, wackelt die Staatsfinanzierung – und umgekehrt.

Die Banken schauen zurück auf eine Periode historisch einmaliger Prosperität. Es gibt keine andere Branche, die seit den Neunzigerjahren des vergangenen Jahrhunderts derart aufgeblüht ist. Betrug die Bilanzsumme aller westlichen Banken 1990 erst 3,3 Billionen Dollar, waren es 2010 bereits 11,8 Billionen Dollar; inflationsbereinigt ergibt sich ein Wachstum um 134 Prozent. Damit wuchs der Bankensektor 2,5 mal schneller als die ihn umgebende Realwirtschaft. Kein Wunder, dass man sich in London und New York bald als »Master of the Universe« fühlte. Wenn Milton Friedman Recht hätte, als er sagte, »die soziale Verantwortung der Wirtschaft ist es, ihre Profite zu vergrößern«, dann haben Goldman Sachs und Co. ganze Arbeit geleistet.

In Deutschland das gleiche Bild. Die Bilanzsumme der Deutschen Bank hat sich zwischen 1990 und 2010 um real 640 Prozent erhöht. Verfügte das Institut im Einheitsjahr erst über eine Bilanzsumme von 204 Milliarden Euro, was acht Prozent des deutschen Sozialprodukts entsprach, steigerte sich das Geschäftsvolumen bis 2010 auf knapp zwei Billionen Euro. Damit betrieb eine einzige Bank Geldgeschäfte nahezu in Höhe der Wirtschaftskraft von Europas größter Volkswirtschaft. Ein Staat im Staate war entstanden, dessen Chef Josef Ackermann im Ausland wie ein Präsident empfangen wurde.

Der Größe des Finanzsektors hat die enge Beziehung zur Politik genutzt, seiner Stabilität nicht. Denn es ist keineswegs so, dass die Geldhäuser den enormen Kreditbedarf des Staates aus den Einlagen ihrer Kunden decken können. Die europäischen Banken sind selbst hoch verschuldet. Auf neun Billionen Euro – knapp das Dreifache der deutschen Wirtschaftsleistung – belaufen sich derzeit die Schulden der europäischen Banken. Wer morgen früh eine beliebige westliche Bank überfallen wollte, muss darauf gefasst sein, dass er im Kassenraum nur einen überdimensionierten Schuldschein vorfindet.

Auf neun Billionen Euro – knapp das Dreifache der deutschen Wirtschaftsleistung – belaufen sich derzeit die Schulden der europäischen Banken.

Die Pleite der Investmentbank Lehman Brothers markierte denn auch nicht den Beginn einer Entflechtung von Staat und Finanzmarkt, die Wesensveränderung im marktwirtschaftlichen Organismus erlebt im Gegenteil einen neuen evolutionären Schub. Entgegen den Behauptungen aller Politiker, man habe die Lektion verstanden und die Lehren gezogen, muss man feststellen: Sie haben wenig verstanden und die Lehren vor allem verbal gezogen. Die Banken werden weltweit nicht geschmälert, sondern weiter gemästet. 2007 entsprach die addierte Marktkapitalisierung der sechs größten US-Bankenhäuser erst einem Drittel der gesamten volkswirtschaftlichen Leistung Amerikas, 2015 war es deutlich mehr als die Hälfte. Ex-Goldman-Sachs-Chef Hank Paulsen, der zur Zeit der Lehman-Krise als Finanzminister unter George W. Bush arbeitete, stellte jüngst fest: »Die Regulierung hat versagt. Die Aufsichtsbehörden haben versagt. Banken selbst haben versagt. Das Risiko einer neuen Finanzkrise ist größer denn je.«

Für die Banken, das war die Lernerfahrung der Krise, übernahm der Staat die Funktion einer kostenlosen Rückversicherung, die im Schadensfall ohne Antragsformular auszahlt. Das senkt bis heute die Kosten der Geldindustrie und erhöht ihren Risikoappetit. Wenn es denn für Goldman Sachs, JP Morgan und Wells Fargo eine Lehre aus der Krisenbewältigung gibt, dann die, dass es nichts zu lernen gibt. Die Welt bebt, aber die Banker werden weiter in Champagner gebadet.

Derweil die Politiker von »Krisenbewältigung« sprechen, wird in Wahrheit bereits die nächste Weltfinanzkrise vorbereitet.

Derweil die Politiker von »Krisenbewältigung« sprechen, wird in Wahrheit bereits die nächste Weltfinanzkrise vorbereitet. Die Bastardökonomie neigt dazu, sich doppelt zu überschätzen. Sie produziert Staatsschuldenkrisen, weil sie Regierungen mit Kredit versorgt, auch wenn diese sich keinen mehr leisten können. Und sie produziert bei den Banken eine Liquiditätskrise, weil diese mehr Kredit ausreichen, als ihrer Bilanz guttut. Die Staaten haben am Ende zu viele Schulden und die Banken zu wenig Eigenkapital, um sich ihren gemeinsamen Exzess weiter leisten zu können.

Die Europäische Zentralbank in Frankfurt und die Federal Reserve Bank in Washington sind daher in der fortgeschrittenen Bastardökonomie unerlässlich. In einer Welt des großen Bluffs, in der sich die Überschuldung von Staaten und die Unterdeckung von Banken bedingen, sind sie die letzte vertrauenswürdige Instanz. Sie vergeben Schuld, indem sie Schulden übernehmen. Sie spenden Lebenszeit dadurch, dass sie Liquidität und Vertrauenskapital zur Verfügung stellen. Sie drucken jene geheimnisvolle Substanz, die Staat und Banken so dringend benötigen: Geld in all seinen hybriden Darreichungsformen. Die Niedrigzinspolitik, der Aufkauf von Staatsanleihen durch die eigene Notenbank und die Hebelung der diversen europäischen Rettungsschirme dienen allesamt nur einem einzigen Zweck: der wundersamen Geldvermehrung.

Notenbanken hat man zu Gelddruckmaschinen umprogrammiert.

Notenbanken, die in unseren Lehrbüchern noch als »Währungshüter« bezeichnet werden, hat man dadurch zu Gelddruckmaschinen umprogrammiert. Es scheint, als seien die Staaten von der Gold- über die Geld- zur Illusionswährung übergegangen. Es ist nicht ausgeschlossen, dass jene Schwarzmaler Recht behalten, die bei der Abschaffung des Goldstandards mutmaßten, die Kaufkraft des neuen Papiergelds werde früher oder später seinem inneren Wert entsprechen, also in Richtung null tendieren. Der Philosoph Peter Sloterdijk brachte die illusionären Ereignisse auf den Punkt: »Die Regierungen verpfänden die Luft über ihrem Staatsgebiet, und Banken atmen tief durch.«

Die fortgesetzte Verformung der Marktwirtschaften dürfte Europa und Amerika nicht gut bekommen. Der Wohlstand aller westlichen Staaten wird zunehmend prekär. Die Hypothek gegenüber künftigen Generationen vergrößert sich. Die internationale Wettbewerbsposition der westlichen Volkswirtschaften nimmt Schaden. Der Euro wird in Mitleidenschaft gezogen. Die Rettung mit der Notenpresse schadet seiner Glaubwürdigkeit.

Die Staaten werden am Ende keine andere Wahl haben, als die steuerliche Leistungskraft der Leistungsfähigen und die

Ersparnisse der Sparwilligen anzuzapfen. Die Arbeitnehmer, die Angestellten und die Familienunternehmen werden die Rechnung, die sie nie bestellt haben, begleichen müssen. Und wenn der Politik der direkte Übergang von Schulden zu Steuern nicht gelingt, wird die Inflation sie heimsuchen. Sie ist von allen Formen der Geldvernichtung die heimtückischste, weil sie ohne Vorwarnung und ohne Parlamentsbeschluss die Arbeitseinkommen, die Gewinne, die Ersparnisse zusammendampft.

Die Staaten werden am Ende keine andere Wahl haben, als die steuerliche Leistungskraft der Leistungsfähigen anzuzapfen.

»Inflation ist«, so hat es ein amerikanischer Komiker formuliert, »wenn die Brieftaschen immer voller und die Einkaufstüten immer leerer werden.« Im Zeitalter der wundersamen Geldvermehrung muss man das Bonmot erweitern: Inflation ist, wenn das Geld auf dem Sparbuch nicht wächst, sondern schrumpft.

Trotz der Betäubung durch die öffentlich verabreichten Kreditspritzen spüren wir den Bedrohungsschmerz. Eine Bastardökonomie, die unter Stress zu Autoaggression neigt, wie wir nach der Lehman-Pleite erlebt haben, löst Zukunftsunruhe aus, auch bei denen, die nicht von Berufs wegen Bankbilanzen und Haushaltspläne studieren. Wer sich ein feines Gehör für die Wirklichkeit bewahrt hat, hört, wie es im Gebälk des Weltfinanzsystems ächzt und stöhnt, spürt, wie der Boden erneut begonnen hat, sich zu bewegen. Der Zusammenbruch unseres Geldsystems ist keine Zwangsläufigkeit, wie manche fürchten, aber er ist eine Möglichkeit geworden. Das ist schlimm genug.

Die Welt der Finanzen leidet unter einem chronisch gewordenen Mangel an Leadership. Die Regierenden sind zu Mitläufern ihrer eigenen fixen Ideen geworden, derweil die Wirklichkeit sich längst in die Büsche geschlagen hat. Warum, so würde man die Verantwortlichen gern fragen, spürt ihr nicht, was alle spüren? Warum seht ihr nicht, was jedermann sieht? Warum findet ihr zwischen all der geschäftigen Retterei keine Zeit zum Innehalten?

Diese Rettung rettet nicht. Das kann einem jeder griechische Einzelhändler, jeder spanische Arbeitslose, jeder deutsche Sparer und, wenn es sein muss, auch jeder wirtschaftlich gebildete Statistiker erzählen. Warum fürchtet ihr euch vor dieser Erkenntnis? Warum könnt ihr nicht, so wie jeder Firmenchef eine Stichtagsinventur durchführt, eine Bewußtseinsinventur veranlassen, bei der die noch haltbaren von den vergammelten Ideen getrennt werden. Die Idee von der wundersamen Geldvermehrung funktioniert nicht. Die knappste Ressource der Gegenwart scheint nicht Geld, sondern Nachdenklichkeit. Oder um es mit Kurt Tucholsky zu sagen: »Die Basis einer gesunden Ordnung ist ein großer Papierkorb.«

DIGITALISIERUNG
Das Gespenst der Nutzlosigkeit

Wer die digitalen Technologien bekämpft, überschätzt seine Möglichkeiten. Wer sie bejubelt, unterschätzt ihre Wirkung. Der Jubler wird bald schon spüren, wie sich die Technik politisch gegen ihn verschwört. Seine Sorglosigkeit ist eine geschickt getarnte Fiktion. Die Gegner des Digitalzeitalters werden im gleichen Atemzug überrascht sein, welche Möglichkeiten der Machtausübung die Technologie bietet. Die Erhebung der ökonomisch Ausgesteuerten und sozial Erniedrigten und derer, die Angst davor haben, hat gerade erst begonnen. Ein passendes Wort für deren Aufstand ist noch nicht gefunden; aus Verlegenheit spricht man von »Populismus«.

Die Schöpfer der digitalen Welten glauben, man komme dem Geheimnis der neuen Zeit am besten dadurch auf die Spur, dass man mit dem Computer eins wird und sich schlaflos im Takt der Algorithmen bewegt. Doch nicht Nähe und Rhythmus, sondern Abstand und Stille schärfen das Urteilsvermögen. Wahrscheinlich wurzelt die Ursache vieler gesellschaftspolitischer Fehleinschätzungen in der Tatsache, dass wir uns angewöhnt haben, technologische Prozesse durch die Brille der Techniker zu betrachten. Solange es um die Beziehung zwischen Computer und Rechenzentrum, zwischen Serverfarm und Cloud geht, besitzt diese Brille die geeignete Sehstärke. Sobald es aber um die Beziehungen zwischen Technologie und Mensch geht, wird der Blick trübe, und die Gläser erblinden. Die Gesellschaft funktioniert nicht nach dem Binärcode eines Computerprogramms. Menschen siedeln nicht bei 0 oder 1, sondern im weiten Land dazwischen. Hier kommt es seit Längerem schon zu Eruptionen, an die Mark Zuckerberg, Jeff Bezos und die anderen Helden des Digitalzeitalters in ihren Träumen nicht gedacht haben; und falls doch, dann nur in ihren Albträumen.

Die Gesellschaft funktioniert nicht nach dem Binärcode eines Computerprogramms. Menschen siedeln nicht bei 0 oder 1, sondern im weiten Land dazwischen.

Die Digitalisierung verändert nicht nur die Art, wie wir arbeiten, einkaufen und leben; sie verändert auch den Prozess, in dem politische Macht entsteht. Die neuen Medien spielen dabei die Rolle der Zulieferindustrie. In ihren Netzen werden Emotionen zu Stimmungen und Stimmungen zu Überzeugungen verdichtet, Meinungen werden zu Mehrheiten montiert, und das Vorurteil verfestigt sich zuweilen durch die Wiederholung des bereits Wiederholten zur Gewissheit. Es kommt zu einer Veränderung der bisherigen Lieferkette, das heißt konkret: zum Herauslösen von Meinungsmacht aus den Händen der etablierten Sender, Verlage und der ihnen zugetanen politischen Parteien. Die Eliten und ihre Medien verschwinden nicht, aber was verschwindet, ist ihr Monopol aufs Informieren, Analysieren, Kommentieren und Emotionalisieren. Sie begleiten nun einen Prozess, den sie früher gesteuert haben.

Medienmacht, die im Deutschland der Sechzigerjahre des vorigen Jahrhunderts noch auf zwei TV-Sender, 18 Radioprogramme und fünf überregionale Zeitungen konzentriert war, verteilt sich heute auf eine gewaltige Zahl von Produzenten, die ihrerseits tief mit der privaten Kommunikation des Einzelnen via Facebook, Twitter, Instagram, Snapchat und WhatsApp vernetzt sind. Der Begriff von den »tonangebenden Schichten« macht keinen Sinn mehr, schon weil es nicht mehr den einen Ton gibt, stattdessen viele Geräusche.

Nicht nur das etablierte Meinungsoligopol ist aufgehoben, sondern die Trennung zwischen Sender und Empfänger gleich mit. Das Volk besitzt erstmals selbst Mikrofon, Scheinwerfer und die technische Reichweite, sich der Welt mitzuteilen. Das Wesen der digitalen Gesellschaft ist ja gerade ihre ununterbrochene und durch keinen Putschgeneral zensierbare Kommunikation, die auch deswegen disruptiv wirkt, weil sie alle bisherigen Standards suspendiert. Die neue Kommunikation ist weder staatstragend noch fair oder gar objektiv, sie ist deutlich, aber nicht notgedrungen höflich, sie schätzt Fakten, aber sie hat keine Angst davor, auch Gefühle und Gerüchte zu verbreiten. Kurz gesagt, die neuen Medien kommunizieren wie echte Menschen, können lebhaft, einfühlsam, anrührend und in der nächsten Sekunde auch schonungslos und roh sein. Die Fantasie der Millionen schlägt in alle Himmelsrichtungen Purzelbäume. Der neue Standard ist, dass es keinen Standard gibt.

Der Aufstieg des politischen Anti-Establishments in den USA, in Großbritannien, Frankreich, Österreich, Deutschland und überall sonst in Europa ist aufs Engste mit den antiautoritären Möglichkeiten der Digitaltechnik verbunden. Der Populist ist die Sturzgeburt der digitalen Zeit, dem Schoß

Das Wesen der digitalen Gesellschaft ist ihre ununterbrochene und durch keinen Putschgeneral zensierbare Kommunikation.

des kommunikativ in die Selbstständigkeit entlassenen Volkes entstiegen. Denn erst das staats- und wirtschaftsferne Ökosystem der sozialen Netze ermöglicht es ihm, in unverstellter Sprache und an den Eliten vorbei mit den Wählern zu sprechen. Und umgekehrt besitzt der Wähler seinerseits erstmals in der Weltgeschichte einen Rückkanal in die politische Sphäre, der es ihm ermöglicht, seine Sehnsüchte, Ängste und Forderungen unmittelbar zu adressieren. Das Zwiegespräch der Eliten ist damit unterbrochen, vielleicht sogar beendet. Wirklichkeit ist erstmals Wirklichkeit von unten. Oder, um eine Metapher von Botho Strauß aufzugreifen: Nicht mehr das Auge des Regisseurs, sondern das Auge des Betrachters belichtet den Film.

Nicht mehr das Auge des Regisseurs, sondern das Auge des Betrachters belichtet den Film.

Das Publikum wird damit selbst zum Akteur, macht nun millionenfach Zurufe, schickt Ideen, Forderungen und Ablehnungsbescheide ins Universum der Öffentlichkeit. Es wirkt, als habe die Welt ein großes Freihandelsabkommen mit sich selbst geschlossen, nur dass diesmal nicht Waren und Dienstleistungen, sondern Emotionen, Worte und Gedanken über den Globus ziehen. Und das Ziel ist nicht der Supermarkt um die Ecke, sondern die nächstgelegene Machtzentrale. Dort streben die medialen Vorprodukte der politischen Endfertigung zu.

Wichtig scheint derzeit nicht, wofür das Produkt konzipiert ist, sondern wogegen. Gegen das Expertentum zum Beispiel, das vor lauter Kompetenz kaum fühlen kann. Gegen jene Faktenmenschen, die für jedes Problem ein Pflaster verteilen, auf dem eine Zahl steht. Gegen die politisch Korrekten, die schon als Kinder in Moralin gebadet wurden. Gegen das

Vaterunser der Alternativlosigkeit, das dem Publikum Europäisierung, Globalisierung und Digitalisierung als die Dreifaltigkeit unserer Zeit zu verkaufen sucht, der Gestaltbarkeit durch Gesellschaft entzogen.

Die politischen Erdplatten haben zu driften begonnen. Das Untere schiebt sich plötzlich nach oben. Wir erleben die Erosion der traditionellen Parteiensysteme, in denen sich die Akteure bis zur Unkenntlichkeit ähnlich geworden sind. Die Frivolität der Parteipolitiker, die längst in einer Symbiose mit den Verhältnissen leben, auch den Verhältnissen, die sie kritisieren, wird millionenfach durchschaut und vom Wähler geahndet. Die CDU hat seit Helmut Kohls großem Einheitsjahr 43 Prozent ihrer Mitglieder und 10 Prozent ihrer Wähler verloren. Der SPD gingen seit Brandts triumphaler Wiederwahl 1972 jedes zweite Mitglied und jeder vierte Wähler von der Fahne. Die von Hannah Arendt beschriebene Volksmeinung, »dass Politik im Innern ein Gewebe aus Lug und Trug von schäbigen Interessen und schäbiger Ideologie ist, während Außenpolitik zwischen leerer Propaganda und nackter Gewalt hin- und herschwankt«, hat sich über Jahrzehnte gut gehalten.

Wie gründet man im Internetzeitalter eine Community, wurde Facebook-Gründer Zuckerberg beim Weltwirtschaftsforum in Davos gefragt. Gar nicht, antwortete er. Das Internet mache nur sichtbar und effektiv, was an Gemeinschaft schon vorhanden sei. So gesehen ist die Gemeinschaft der von Politik Verdrossenen nicht neu, sondern durch die volkseigenen Medien, die wir »Social Web« nennen, nur sichtbar und damit wirkungsmächtig gemacht worden. Die Geister des Aufruhrs und des Missbehagens hat die Parteipolitik im Treibhaus ihrer Ränkespiele über die Jahrzehnte selbst gezüchtet. Jetzt sind sie ihr entwischt.

Es hat lange keine vergleichbare politische Bewegung gegeben, die ungeachtet aller Machbarkeitsvorhaltungen durch das Establishment bereit ist, mit dem Status quo der Nachkriegszeit zu brechen. Die aus Wut Widerständigen wollen eine Alternative, auch wenn sie die noch nicht kennen.

Die politische Bewegung unserer Tage sehnt sich nach einem Politiker, dem sie noch nie begegnet ist.

Sie sehnen sich nach einem Politiker, dem sie noch nie begegnet sind. Sie sind bereit, für dieses Blind-Date hohe Risiken einzugehen. Das Volk, notiert ein achselzuckender Peter Sloterdijk, will ins Unmögliche geführt werden. Oder positiv gesprochen: Die Idee vom disruptiven Denken, zu der die Wirtschaftselite uns auffordert, wird hier beherzt aufgegriffen. Niemand denkt derzeit so disruptiv wie das Volk. Wenn man ein Taxiunternehmen ohne Taxis, eine Hotelkette ohne Betten und eine Suchmaschine ohne eigene Inhalte betreiben kann, warum sollte dann nicht auch Politik ohne Politiker möglich sein.

Den Eliten ist das anarchistische Treiben in den digitalen Welten und Halbwelten unheimlich, zumal in Großbritannien, Österreich, Ungarn, Polen und selbst im Kongress der USA kaum noch eine regierungsfähige Mehrheit ohne die Vertreter des politischen Populismus möglich ist. Schon beim Abmischen der eigenen politischen Positionen muss die der Populisten mitgedacht werden. Die Stallwachen des Parteienstaats wehren sich gegen diese Zumutung vor allem mit dem Versuch der Ausgrenzung. Hier die Komplexität der Welt, dort die unzulässige Simplifizierung, sagen sie. Hier die versuchte Problemlösung, dort die behauptete Weltenrettung, sie selbst würden Politik als Beruf betreiben, der Populist dagegen als Clownerie. Der Populist ist für den traditionellen Politiker das

Schmuddelkind der Demokratie. Ralf Dahrendorf warnte in seinem Essay »Acht Anmerkungen zum Populismus« schon frühzeitig davor, die Bezichtigung bereits für den Beweis zu halten: »Der Populismus-Vorwurf kann selbst populistisch sein.« Zumal Verschwörungstheorien, Dolchstoßlegenden und das Erfinden primitiver Wahlkampfslogans nicht erst durch das Weltweitnetz und die Herolde des Anti-Establishments in die Welt kamen. Auch etablierte Parteipolitiker wissen, wie man Komplexität bis zur Unkenntlichkeit reduziert.

Wenn man ein Taxiunternehmen ohne Taxis, eine Hotelkette ohne Betten und eine Suchmaschine ohne eigene Inhalte betreiben kann, warum sollte dann nicht auch Politik ohne Politiker möglich sein.

Nun sollten wir mit den strauchelnden Eliten nachsichtig sein. Denn sie erleben im Grunde das, was viele Arbeitnehmer auch erleben: die Neudefinition ihres bisherigen Lebens, die Entwertung ihrer gesellschaftlichen Stellung, die Entweihung ihrer Privilegien, die aufkeimende Unsicherheit darüber, was vom Gewohnten noch bleibt. Denn im Prinzip hört eine Elite, die ihr Monopol auf die Beherrschung der Massenkommunikation verloren hat, auf, eine Elite zu sein. So wie Blogger, Youtuber und WhatsApper in ihrer fröhlichen Mitteilungslust aufhören, Privatmann oder Privatfrau zu sein. Der amorphe Sammelbegriff des »Volkes« löst sich in seine vielen Einzelgesichter auf. Die Unlesbarkeit des Gegenübers endet. Die »Stimme des Volkes« ist nicht länger Metapher, sondern erklingt als vielstimmiger Choral. Wir lauschen hinab in die Seelen unserer Mitmenschen, hören, was dort über Jahrhunderte schallgeschützt verborgen blieb.

Viele Amts- und Würdenträger spüren, dass ihre politische Beherrschungsenergie damit schwindet. Nicht nur Geschäftsmodelle, auch Politik wird im Digitalzeitalter transformiert. Sie verliert ihren stofflichen Charakter in Gestalt der Parteien und nimmt fluide Aggregatzustände an; sie begegnet uns nun in Gestalt von Stimmungen, organisatorisch unverbindlichen Bewegungen oder auch nur einem vereinzelten Aufschrei irgendwo in den Weiten des Netzes. Der Parteipolitiker tradierten Typs ahnt schon, dass er, vergleichbar dem britischen Königshaus, sein Volk künftig nicht mehr dominieren, nur noch repräsentieren darf. Seine Zukunft darf er sich so vorstellen wie die Gegenwart von Prinz Charles.

Viele Amts- und Würdenträger spüren, dass ihre politische Beherrschungsenergie schwindet.

Die Digitalisierung überträgt also nicht nur Geistestätigkeit vom Menschen auf die Maschine, sondern zur gleichen Zeit auch politische und publizistische Macht von oben nach unten. Die Pflanzstätten des demokratischen Diskurses entwickeln sich nun auch dort, wo gestern noch die grauen Betonkolonien der Befehlsempfänger standen. Das, was die Meinungsforscher einst »die schweigende Mehrheit« nannten, hat aufgehört zu existieren. Niemand schweigt mehr, und die Mehrheit schon gar nicht. Es gab seit der französischen Aufklärung keine zweite demokratische Bewegung, die derart provokant ihre Massenwirksamkeit und ihre Radikalität zur Schau gestellt hat. Die Hierarchien der Kommunikation flachen sich ab. Bedenkzeit schwindet. Überall im Netz stehen kleine Guillotinen bereit.

Wer zwei gesunde Zeigefinger besitzt, zeigt an dieser Stelle mit dem einen Finger auf »die Populisten«, mit dem anderen auf »das Internet«. Die Sozialen Medien seien schuld an der veränderten Tonalität, heißt es. Reguliert das Netz! Stoppt die Populisten!

Doch beide sind nicht der Grund für die aufrührerische Stimmung, die alle westlichen Gesellschaften befallen hat. Die Sozialen Medien liefern allenfalls den Treibstoff, mit dem der Populist seinen Höhenflug startet. Aber die Rakete, in der er sitzt, besteht aus Bauteilen, auf denen steht in Großbuchstaben das Wort WIRKLICHKEIT. Es handelt sich dabei um eine Wirklichkeit, die die Erwartungen von Millionen enttäuscht hat. Die Zukunft war anders versprochen worden.

Der Computer sollte sein wie wir, nur störungsfreier, klüger, berechenbarer, ausdauernder, billiger und jederzeit ersetzbar. Man muss ihn nicht bestatten, nur verschrotten. Man braucht ihn nicht zu zeugen, nur bei IBM, Nixdorf oder Apple bestellen. Ausgestattet mit einer Extraportion künstlicher Intelligenz, tritt er an, uns das Leben zu erleichtern, uns von der Arbeit zu befreien. So war es abgemacht.

Unterstützt die Technik noch den Menschen, oder ersetzt sie ihn schon?

In Wahrheit haben viele das Gefühl, der Computer sei angetreten, ihnen das Leben abzunehmen. Eine Frage von schicksalhafter Düsternis schwebt über all den Neuerungen unserer Zeit: Unterstützt die Technik noch den Menschen, oder ersetzt sie ihn schon?

Natürlich sind die Durchbrüche des Digitalzeitalters beeindruckend. Musste man vor 1966 noch das Fräulein vom Amt bitten, gnädigst eine Telefonverbindung zu vermitteln, scheinen Handy und Headset heute an Mund und Ohr festgewachsen. Dominierte vor 200 Jahren noch das Pferdegespann die Straßen von Paris, London und Berlin, wirft schon das Zeitalter der autonomen Fortbewegung seinen Schatten. Der von Gottlieb Daimler und Carl Benz entwickelte Verbrennungsmotor, eben noch eine Weltsensation, hält bereits Kurs in Richtung Museum.

Mussten sich unsere Vorfahren im Krankheitsfall in die Hände von Kurpfuschern und Quacksalbern begeben, verfügt Deutschland heute über eine medizinisch-technische Ausstattung, die vor kurzem noch als Science-Fiction galt: Für eine Herzoperation wird nicht mehr der Brustkorb aufgeknackt, sondern ein Mini-Roboter losgeschickt, Arterien zu weiten und Herzklappen zu erneuern. Menschen mit schwerwiegenden Nieren- oder Leberstörungen sind nicht länger Kandidaten fürs Sterbebett, sondern gern gesehene Kunden der nächstgelegenen Transplantationsklinik.

Für eine Herzoperation wird nicht mehr der Brustkorb aufgeknackt, sondern ein Mini-Roboter losgeschickt.

Auch Deutschlands große Wirtschaftszeitung und der Verlag, der sie herausgibt, stehen auf der Sonnenseite der neuen Zeit: zusätzliche Zielgruppen im Leser- und Werbemarkt werden mit neuen Digitalprodukten erreicht, erstmals lassen sich in Echtzeit auch Leser in New York, London und Shanghai beliefern, datenbasierte Dienstleistungen steigern Umsatz und Gewinn.

Die Chancen, die das Digitalzeitalter bietet, sind für nahezu alle Branchen eine Tatsache, die zu bestreiten keinen Sinn macht. Auch die stehenden Heere der Geringqualifizierten verstehen die Vorteile von Digitalisierung und Globalisierung sehr genau. Sie verstehen sie vielleicht sogar besser als jeder andere, weil sie den Vergleichsmaßstab kennen. Sie erinnern noch die Männer vom firmeneigenen Sicherheitsdienst, die eines Tages durch ein Set Videokameras ersetzt wurden. Sie standen in den Pausen zusammen mit den Kolleginnen aus der Buchhaltung, die im Zuge der großen EDV-Offensive verschwunden sind. Sie erinnern noch den Tag, als die moderne Automatisierungsstraße eingeweiht wurde; sie werden nie vergessen, wie die gesamte Geschäftsführung euphorisch nach Asien aufbrach, um die neue Fabrik in Vietnam – oder war es Bangladesch? – einzuweihen.

Die Menschen, von denen hier die Rede ist, haben nie das Silicon Valley besucht, aber sie wissen, dass kein Kollege aus Fleisch und Blut mit einer Infrarot-Überwachungskamera mithalten kann. Sie wissen, dass die elektronische Datenverarbeitung schneller und fehlerfreier arbeitet als jede Sachbearbeiterin. Sie waren beeindruckt von der Präzision und der Geschwindigkeit der neuen Fertigungsstraße. Niemand weiß besser als sie, dass die in Fernost gefertigte Ware dem heimischen Produkt zum Verwechseln ähnlich sieht. Sie haben ja selbst nach den Unterschieden gesucht und gesucht, aber nichts gefunden.

Sie verstehen also sehr genau, wie sich die Wirtschaft der vergangenen Jahrzehnte verändert hat. Sie sind nicht blind, nicht taub, nicht dumm. Nur eines haben sie eben auch verstanden: Ihr Platz befindet sich auf der Schattenseite dieser Entwicklung. Das Leben ist unvorhersehbar geworden. Die Erde unter ihren Füßen hat angefangen, sich zu bewegen.

So geht das schon seit vielen Jahren. Die Verheißungen von EU-Binnenmarkt, den diversen Freihandelsabkommen und das Feuerwerk der Digitalisierungsinitiativen haben eingezahlt, aber nicht auf ihr Konto. Im unteren Drittel der Gesellschaft kam es zu einem spür- und messbaren Druckabfall. Dafür hat es auf der Beletage der Volkswirtschaft – da wo Vorstände, Software-Päpste und Investoren siedeln – mächtig gescheppert. Wer eine beliebige

Im unteren Drittel der Gesellschaft kam es zu einem spürbaren Druckabfall. Auf der Beletage der Volkswirtschaft aber hat es mächtig gescheppert.

Lokalzeitung zur Hand nimmt, kennt die Fakten: Verdiente ein Vorstandschef 1980 noch rund 750.000 Euro und der Arbeiter etwa 16.000 im Jahr, waren es 2015 gut fünf Millionen Euro versus knapp 44.000 Euro. Erhält ein Facharbeiter nach 40 Jahren aus der gesetzlichen Rentenkasse eine jährliche Auszahlung von rund 16.500 Euro, hat der Daimler-Konzern für seinen heutigen CEO Dieter Zetsche laut Geschäftsbericht eine Rente von 37,9 Millionen Euro zurückgestellt.

Natürlich überspringt man als Vorstandschef oder Politiker gern die Zeitungsartikel mit diesen Zahlen, schon deshalb, weil beim Lesen eine Vorahnung keimt, dass diese Zahlen sich in den Waffenfabriken der Populisten zu Sprengstoff verarbeiten lassen. Doch die »kleinen Leute« überlesen nichts. Sie kennen die Zahlen, und vor allem kennen sie die Vergleichszahlen – ihre zu erwartende Rente, ihre Miete, ihr frei verfügbares Einkommen. Sie brauchen keine komparative Einkommensstudie des Ifo-Instituts in München, um festzustellen, dass ihr Wohlstand seit vielen Jahren schrumpft oder stagniert. Jeder ist der Empiriker seines Lebens.

Die Leute brauchen keine Einkommensstudie, um festzustellen, dass ihr Wohlstand schrumpft.

Die Frage aller Fragen lautet also: Wie verteilen sich die Menschen auf Sonnen- und Schattenseite, und wie sieht die Wanderungsbewegung zwischen den Hemisphären aus? Gibt es eine positive Wanderungsbilanz zu Gunsten der Sonnenseite? Oder füllt sich die Schattenseite im Digitalzeitalter mit immer neuen Menschen, die Opfer einer technologisch bedingten Vertreibung werden?

Die Arbeitsplatzverluste sind derzeit noch nicht das Problem. In einer wachsenden Volkswirtschaft expandiert auch die Nachfrage nach Arbeitskräften. Die Beschäftigungsquote in Deutschland ist die höchste seit Menschengedenken. Die Heere der Freigesetzten finden also Unterschlupf.

Aber die Bedingungen, unter denen sie unterkommen, haben sich verschlechtert und werden weiter in den roten Bereich drehen. Die Produktivitätsvorteile der neuen Technik beruhen ja genau darauf, dass Routinearbeit in Fabrik, Büro und Landwirtschaft von der Maschine schneller und günstiger erledigt wird. Der Kapitalstock in Deutschland hat sich seit den Neunzigerjahren des vorigen Jahrhunderts spürbar erhöht, insgesamt um 51 Prozent. Die Lohnstückkosten stiegen im gleichen Zeitraum lediglich um 31 Prozent. Die Inflation legte seit 2000 um 25 Prozent zu. Das Durchschnittsgehalt eines Arbeiters konnte da nicht mithalten. Diese Schere nennt man Reallohnverlust.

Die digitale Durchdringung aller ökonomischen Beziehungen steht nach Ansicht aller Experten erst am Anfang. Der Siegeszug der Künstlichen Intelligenz, der mit dem IBM-Schachcomputer Deep Blue begann, sich über die Autopiloten in den Großraumflugzeugen von Airbus und Boeing fortsetzte und nun dabei ist, Kliniken, Handelssäle, Universitäten, Rechtsanwaltspraxen und überhaupt Beratungsberufe aller Art zu erreichen, wird die Struktur der westlichen Erwerbsgesellschaften weiter verändern. Der Mensch wird nicht überflüssig, aber er rückt vielerorts auf den Platz des Kopiloten. Er überwacht künftig den Computer, der nun seinerseits diagnostiziert und operiert. Er korrigiert das Rechtsgutachten, das der Computer verfasst hat; er füttert die Lernprogramme für Studenten, aber er lehrt nicht mehr zwingend selbst.

Der Mensch wird nicht überflüssig, aber er rückt durch die Computerisierung vielerorts auf den Platz des Copiloten.

Machine Learning, also der lernende Computer, und Mobile Robotics, die Miniaturisierung und Flexibilisierung von Technologie, halten in Kürze Einzug in Büro und Werkshalle. Jeder zweite der heute existierenden Arbeitsplätze, das ergab eine groß angelegte Studie der Oxford-Ökonomen Carl Jonathan Frey und Michael A. Osborne, ist davon betroffen. Diese Technik ersetzt den Menschen oder schraubt die Qualifikation derart hoch, dass die jetzigen Arbeitsplatzbesitzer und Einkommensbezieher mit ihrer heutigen Qualifikation die Anforderungen nicht werden erfüllen können.

Die Quelle der Veränderung ist eine Explosion technologischer Erfindungen, wie sie die Menschheit seit der industriellen Revolution nicht mehr erlebt hat. Überall im Westen wird derzeit die Basis für eine moderne Digitalwirtschaft gelegt, was nicht nur die Erwerbsarbeit selbst, die Struktur der Wertschöpfungsketten und die Führungskultur der Firmen verändert, sondern eben auch die Sozialstruktur der betroffenen Gesellschaften.

Wer gegen den Kollegen mit eingebauter Festplatte konkurriert, zieht den Kürzeren.

Schon heute können wir die Wirkungen der technischen Revolution in der Lohnentwicklung und insbesondere in der Lohnspreizung der westlichen Gesellschaften beobachten. Wer über eine Spezialbegabung verfügt, die noch nicht auf den Computer übertragbar ist, wird gesellschaftlich geachtet und fürstlich entlohnt. Wer aber gegen den Kollegen mit eingebauter Festplatte konkurriert, zieht den Kürzeren. So sanken die Reallöhne von Geringverdienern seit Mitte der Neunzigerjahre um gut 20 Prozent.

Das Wirtschaftswachstum in Deutschland, Frankreich, Großbritannien und den USA hat sich vom Wohlergehen der Arbeiter und kleinen Angestellten entkoppelt. Die soziale

Spaltung der westlichen Gesellschaften ist keine Erfindung von Bernie Sanders oder Sahra Wagenknecht, sondern das Erkennungszeichen unserer Zeit. Das Wölfische des Kapitalismus scheint zurückgekehrt. Die auf der *Forbes*-Milliardärsliste erfassten Vermögen haben sich seit dem Jahr 2000 versiebenfacht, derweil das Einkommen der amerikanischen Durchschnittsfamilie gesunken ist. Das Digitalzeitalter macht in der Tat die Reichen reicher und die Armen ärmer; es befördert die

Die soziale Spaltung der westlichen Gesellschaften ist keine linke Erfindung, sondern das Erkennungszeichen unserer Zeit.

relativ kleine Gruppe der digitalen Zeremonienmeister zu den Sternen, beschert einer wachsenden Zahl von digital Prekären spürbare Verluste an Status und Einkommen und setzt dem Heer der digital Überflüssigen die Pistole auf die Brust.

Wer Entwarnung gibt, will betrügen. Ein nicht unbedeutender Teil heute noch angesehener Berufe steht auf der Todesliste der Digitalwirtschaft. »The Internet wipes out the middlemen«, heißt es auf jeder Digitalkonferenz. Und wer sich mit wachen Augen umschaut, wird feststellen, dass es in der Arbeitswelt vor »Mittelmännern« und »Mittelfrauen« nur so wimmelt. Zwischen Produzenten und Konsumenten liegen die Galaxien der Verkäuferinnen und Verkäufer, der Unternehmens- und Bankberater, der Reise-, Ticket- und Immobilienvermittler, aber auch die Territorien des öffentlichen Dienstes, dessen Angestellte zwischen Bürger und Staat mit Antragsformularen und Genehmigungsverfahren emsig hin und her laufen. Diese »Middlemen« bildeten einst den stabilen Kern unserer Mittelstandsgesellschaft. Hier entnahm das politische System der repräsentativen Demokratie seine ökonomische und soziale Energie, die es zum Funktionieren braucht. Seitdem die Gleichzeitigkeit von Digitalisierung und Globalisierung im Innersten wütet, ist der Kern bedroht. Es kommt zur demokratischen Überforderung, weil die ökonomischen und sozialen Antriebsenergien schwächer werden.

Industrie 4.0 bedeutet für viele Menschen eine im Namen des Fortschritts durchgeführte Erniedrigung.

Die Wachstumszahlen, die in der *Tagesschau* feierlich verlesen werden, sind schon heute keine Zahlen mehr, die für alle gelten. Auch die stolz vermeldeten Produktivitätsfortschritte, also die Steigerung des Warenausstoßes bei sinkendem Mitteleinsatz, empfindet ein Teil der Erwerbsbevölkerung nicht länger als Fortschritt, sondern als Bedrohung. Das große gemeinsame Digitalisierungsprojekt von Politik und Wirtschaft, das auf den Namen Industrie 4.0 hört, bedeutet für sie eine im Namen des Fortschritts durchgeführte Erniedrigung oder, wie Richard Sennett es ausdrückt: Das »Gespenst der Nutzlosigkeit« geht um. Die Produktionsmaschine wird effizienter, aber sie werden ausgesteuert. Die Fabrik vernetzt sich mit Zulieferern und Verbrauchern, aber sie stöpselt man ab. Die Aktionäre feiern das erhöhte Digitalisierungstempo, derweil sie in prekäre Teilzeitbeschäftigung oder Selbstständigkeit abgleiten oder gleich Hartz IV beantragen. Man wünschte, diese Sätze wären eine Polemik, aber für einen nicht unbeträchtlichen Teil der Erwerbsbevölkerung hat das große Beben begonnen. Und dieser Teil muss keine Statistik lesen, um das Vibrieren zu spüren.

War der Wettbewerb zwischen den Arbeitern der Industriestaaten und denen der Dritten Welt oft ein Unterbietungswettlauf – »a race to the bottom«, wie die Amerikaner sagen –, haben wir es nun mit einem Überbietungswettlauf zu tun. Der

Herausforderer greift diesmal von oben an. Der Computer ist nicht in erster Linie billiger, sondern vor allem besser als sein menschlicher Wettbewerber. Er kann sich mehr merken. Er kann präzisere Vorhersagen treffen. Wir besitzen unsere Erfahrung, aber er besitzt die Erfahrung von vielen Menschen, und nach Bedarf kann er die Erfahrungsschätze von Millionen anderen dazuladen. Während wir essen, lieben oder schlafen, wird er unermüdlich weiter verkaufen, beraten, analysieren, messen, reparieren, montieren, die Fabrik kontrollieren, den Kinofilm vorführen, Züge und Flugzeuge steuern.

Der Streit darüber, ob die Mitte der Gesellschaft heute oder erst in Zukunft erodiert, ob der Computer dem Menschen noch dient oder ihn schon ersetzt, ist ein akademischer. Auch Gewissheitsverluste sind Verluste. Schon die Angst vor dem Abstieg wird von einer mündigen Mittelstandsgesellschaft als Kränkung erfahren.

Die Paradoxie der neuen Technik liegt darin, dass sie die Gesellschaft einerseits demokratisch ertüchtigt und andererseits sozial spaltet. Im simultanen Zusammenwirken von Ertüchtigung und Degradierung, von politischem Souveränitätsgewinn und ökonomischem Prestigeverlust liegt ihre Explosionskraft. Die wirtschaftliche Potenz der Betroffenen wird geschrumpft, aber ihre mediale Reichweite erhöht, ihr relativer Wohlstand geschmälert, aber ihre politische Durchschlagskraft gesteigert. Wir sollten nicht vergessen, wen wir vor uns haben: Der sozial erniedrigte und ökonomisch zurückgesetzte Mensch der Gegenwart ist zugleich der demokratisch am weitesten entwickelte Mensch der Weltgeschichte. Er

Die Paradoxie der neuen Technik liegt darin, dass sie die Gesellschaft einerseits demokratisch ertüchtigt und andererseits sozial spaltet.

braucht keine Kanonen, um die Verhältnisse, die nicht seine sind, zum Tanzen zu bringen. Mit Gleichgültigkeit dürfte er auf das Weltbeben jedenfalls nicht reagieren. Ein Neuland, das ihm den Boden unter den Füßen wegzieht, wird er nicht betreten wollen.

Viele mahnen zur Gelassenheit und verweisen darauf, dass die Menschheit sich noch immer der jeweils neuesten Technologien bemächtigt hat. Doch diese Betrachtung übersieht die Tatsache, dass jeder Wechsel des wirtschaftlichen Regimes mit gesellschaftlicher Eruption und nicht selten mit einem politischen Systemwechsel verbunden war. Ökonomische Prozesse dieser Kraft und Tiefe, denen eine urwüchsige Rohheit innewohnt, bedürfen der Moderation. Wer unkontrolliert Veränderung sät, wird Sturm ernten.

Wer unkontrolliert Veränderung sät, wird Sturm ernten.

Zwischen dem Ende der alten und dem Beginn einer neuen Zeit wohnt das Chaos. Es war eine selbstbewusst gewordene Industriearbeiterschaft, die schließlich den Adel in die Knie zwang. Mit dem Untergang der Agrargesellschaften schlug dem Feudalsystem das letzte Stündchen. Der Kaiser floh, der Marxismus entstand, die Sozialdemokratie schaffte es von der Opposition in die Regierungsverantwortung.

Auch der wenig später erfolgte Übergang von der Industriegesellschaft zum Börsenkapitalismus ist den neuen Mächtigen, den demokratischen Parteien von Weimar, nicht gut bekommen. Als ein außer Kontrolle geratener Finanzsektor über Nacht Millionen Bürgern erst den Arbeitsplatz streitig machte, um sie anschließend den Suppenküchen zu überstellen, begann das Licht der Republik zu flackern, bevor es schließlich erlosch. SS und SA marschierten; eine braune Diktatur übernahm das Land. Die Sozialdemokraten, eben noch auf der Gewinnerseite der Weltgeschichte, mussten fliehen oder landeten in Hitlers Vernichtungslagern.

Nach dem Weltkrieg wurden die Lehren aus dem Elitenversagen der Vorkriegszeit gezogen. Die Soziale Marktwirtschaft entstand, überall in Europa und auch in Amerika. Man ging daran, dem Wirtschaftssystem das Wölfische auszutreiben. Der Kapitalismus bekam mit der Tarifautonomie verbindliche Spielregeln, die den Arbeitnehmer zum neuen Mitbestimmer machten. Der Staat baute zusätzliche Sicherungen ein, die die großen Risiken des Lebens – das Alter, die Krankheit, die Arbeitslosigkeit –, wenn schon nicht beseitigen, so doch mildern sollten. Ein Sozialstaat entstand, der vor allem dem politischen Ziel diente, einen Rückfall in Krieg und Barbarei zu verhindern. Noch heute fließt nahezu jeder zweite Euro, der in der deutschen Volkswirtschaft erwirtschaftet wird, durch die Hände des Staates. Der Schreck des Kulturbruchs steckt den Nachgeborenen in den Knochen.

Unsere Eliten täten gut daran, die Störgeräusche der Unzufriedenen nicht als Populismus, sondern als Weckruf zu verstehen.

Vergleichen heißt nicht gleichsetzen. Niemand weiß, wie die Digitalisierung und damit die Verwandlung der ökonomischen Basis sich auf den politischen Überbau der Gesellschaft auswirken wird. Die unbequemen Wahrheiten und düstere Erwartungen sprechen nicht gegen Digitalisierung und Globalisierung. Aber sie sprechen dagegen, Transformationsprozesse dieser Wucht sich selbst zu überlassen. Man kann den Betroffenen vieles rauben, ihren Job, ihren Wohlstand, ihren Stolz. Aber nicht die Souveränität, dagegen zu sein.

Unsere Eliten täten gut daran, die Störgeräusche der Unzufriedenen nicht als Populismus, sondern als Weckruf zu verstehen. Franklin D. Roosevelt, jener US-Präsident, der zuerst die Große Depression besiegte und dann Hitler in die Knie zwang, hat den Auftrag an die politische Klasse seinerzeit klar definiert: »Der Test für unseren Fortschritt besteht nicht darin, ob wir denjenigen, die schon viel haben, mehr Überfluss verschaffen. Es geht darum, ob wir denen genug geben, die zu wenig haben.«

Man kann den Betroffenen vieles rauben, aber nicht die Souveränität, dagegen zu sein.

Bei dem »zu wenig« geht es heute nicht mehr allein um die Umverteilung von Geld. Es geht um das Zugänglichmachen von Kontext, von Zuversicht, von Bildung, von faktischen und emotionalen Qualifikationen, die dazu befähigen, die Menschwerdung der Maschine als Chance und nicht als Tragödie zu erleben. Noch hat die Gesellschaft die Wahl zwischen Inklusion und Kollision. Noch kann sich die Elite entscheiden, ob sie Gestalter der neuen Zeit sein will oder nur deren Dekorateur.

Dass ein Jahrhundertprozess wie die Digitalisierung der Arbeitswelt, die in ihrem Kern das Vordringen von menschenähnlichen Maschinen bedeutet, ohne politische Rückkopplungen bleibt, darf ausgeschlossen werden. Die Gleichzeitigkeit von demokratischer Mobilmachung und ökonomischer Verunsicherung wird der Geschichte keine Atempause gestatten. Die sogenannten Populisten sind die Sturmvögel, die von der kommenden Veränderung künden.

POPULISMUS
Wie die Eliten
unsere Welt
fiktionalisieren
und banalisieren

D ie Wahrheit ist dem Menschen zumutbar«, hat die Schriftstellerin Ingeborg Bachmann einst gesagt. Die politischen Akteure in Washington, London, Paris und Berlin sind anderer Meinung.

Die gewöhnlichen Menschen sollen von den Belastungen einer übersteuerten Hyperkomplexität möglichst freigestellt werden. Die ständigen Gemütserschütterungen durch die gegenwärtigen Weltbeben, das Disruptive der Geschäftsmodelle und die Unvorhersehbarkeit der politischen Problemlagen will man dem Bürger nach Möglichkeit ersparen. Ohne Passwort soll er keinen Zugang zur Welt haben, wie sie wirklich ist. Also erzählt man ihm besser nicht die Wahrheit, sondern Geschichten.

Die Politiker tun das weniger aus Fürsorglichkeit denn aus Eigennutz. Sie hoffen, dass Überforderung und Kontrollverlust, auch ihr eigener, dadurch weniger ins Auge stechen. Die Ausweichbewegung ins Narrative, die man in Amerika verharmlosend als »political engineering« bezeichnet, soll die Führungsrolle der politischen Klasse aufrechterhalten, und sei es als Fiktion. Eine eigene Industrie ist entstanden, sagt Johns-Hopkins-Professor Adam Sheingate, »um die Wahrnehmung der Wähler zu formen und das Image der Politiker zu kuratieren«.

Angetrieben von Psychologen, Hirnforschern, Demosko-
pen, Kommunikationsexperten und Verhaltensforschern, die
ihre Feuertaufe zumeist im »neuronalen Marketing« der mul-
tinationalen Konzerne bestanden haben, verändert sich vor
unser aller Augen die Biologie der Politik. Parteiapparate wurden zu Marketingmaschinen, Politiker zu Illusionskünstlern,
Staatsmänner zu Geschichtenerzählern. Die Prinzipien von
Vernunft und Rationalität werden beim »political engineering« nicht geleugnet, nur je nach Bedarf igno-

**Die strategische
Antwort auf
Komplexität lautet
Banalisierung und
Fiktionalisierung.**
riert. Von den Tatsachen geht keine verbind-
liche Wirkung mehr aus.

Das harte Leben in der Mehrdimensio-
nalität sucht man durch die Idee von Ein-
dimensionalität erträglich zu machen. Die
strategische Antwort auf Komplexität lautet
daher – in dialektischer Verkehrung der Notwendigkeiten –
Banalisierung und Fiktionalisierung. Es wird eine Sequenz
von Filtern, unterscheidbar nur in der Farbe der parteipolitischen Färbung, über das Geschehen gelegt. Der Bürger soll
denken, was er fühlt. Man lässt ihn nicht wissen, man lässt
ihn hoffen.

Der Wahlkampf ist in dieser Vorstellungswelt keine abgeschlossene Periode mehr, die wenige Monate vor dem Urnen-
gang beginnt und bei Schließung der Wahllokale endet, sondern ein Dauerzustand, dem das Regieren untergeordnet wird.
Der Startschuss für »die permanente Kampagne«, wie sie der
Berater und Freund der Clinton-Familie Sidney Blumenthal
in seinem Buch »The Permanent Campaign« beschreibt, fällt
mit dem ersten Tag im Amt. Henry Kissinger, der Altmeis-
ter der amerikanischen Außenpolitik, hat die neue Zeit am
eigenen Leib erfahren. »Früher«, erzählt er, »fragten mich die

Politiker: Henry, was soll ich davon halten? Heute fragen sie mich: Henry, was soll ich dazu sagen?«

Überall rund um die Regierungssitze haben nun Berufsgruppen ihren Auftritt, die bis vor kurzem in der Politik keine Rolle spielten. Helmut Schmidt und Helmut Kohl, aber auch Maggie Thatcher, François Mitterand und Jimmy Carter wären irritiert gewesen, wenn an ihrer Seite Psychologen, Verhaltens- und Gehirnforscher Platz genommen hätten, um sie in der Kunst der Wählermanipulation zu unterrichten. Denn einzig darum geht es: Die Neuzugänge im politischen Zirkus wollen nicht die Wirklichkeit, sondern vor allem die Wahrnehmung von Wirklichkeit verändern. Für sie ist Realität nicht viel mehr als ein Rohstoff, den es entsprechend von politischen Erfordernissen oder Interessen zu gestalten, zu verformen, zu verpacken und schließlich massenmedial zu vertreiben gilt. In ihren Händen wird die Wahrheit zur Story und die Story zur Handelsware, und eine Lüge ist keine Lüge mehr – solange die Geschichte gut erzählt ist und alle daran glauben.

Die Neuzugänge im politischen Zirkus wollen nicht die Wirklichkeit, sondern vor allem die Wahrnehmung von Wirklichkeit verändern.

Jede Zeit bringt ihre eigenen Helden hervor. Das Eröffnungskapitel zum Zeitalter der politischen Überforderung schrieb Karl Rove, der schon auf dem Universitätscampus als Experte für das »negative campaining« auffiel, ein aus organisierter Verleumdung (»character attacks«) und anonym geführten Flüsterkampagnen (»whispering campaigns«) bestehender Wahlkampfstil, der die Emotionen bedient, um den Verstand zu hintergehen. Als der damals 43-jährige Rove 1994 für Herold See arbeitete, der in Alabama gegen Mark

Kennedy um einen Sitz im Supreme Court kandidierte, ließ er den Gegenkandidaten per Mund-zu-Mund-Propaganda als »pädophil« denunzieren. Als Beleg dienten TV-Bilder aus einem von Kennedy selbst produzierten Film, der den Kandidaten Händchen haltend mit Kindern zeigte.

Karl Rove weiß, wie man die Wirklichkeit in eine Farce verwandelt.

Kennedy hatte diese Kinder, die in der Tat sexuell missbraucht worden waren, besucht, aber um zu helfen, um im Interesse der Opfer die gesellschaftliche Schweigespirale zu durchbrechen und so sein Image als sozial engagierter Politiker zu untermalen. Die gute Absicht wurde ihm entwendet – und als Waffe gegen ihn eingesetzt. Karl Rove weiß, wie man die Wirklichkeit in eine Farce verwandelt.

Als es im Frühjahr des Jahres 2000 darum ging, den außenpolitisch unerfahrenen Gouverneur aus Texas, George W. Bush, als Präsidentschaftskandidat der Republikaner durchzusetzen, knöpfte Rove sich dessen weltläufigen Gegenkandidaten John McCain vor. In gleicher Weise perfide wie innovativ war die Methode, die diesmal zum Einsatz kam. Die Wähler in South Carolina, damals Ort der Vorwahlentscheidung, wurden von bezahlten Meinungsforschern angerufen, die von Tausenden Wählern wissen wollten: »Würde es Sie eher beeindrucken oder eher abstoßen, wenn Sie wüssten, dass John McCain der Vater eines unehelich schwarzen Kindes ist?« Die vermeintliche Nachricht, die in Wahrheit eine Lüge war, verbreitete sich wie ein Lauffeuer. Der mehrfach dekorierte Kriegsheld McCain stand plötzlich als Fremdgeher und Heimlichtuer da. Er fand keinen Weg, sich gegen die Unterstellung zur Wehr zu setzen, zumal er in der Öffentlichkeit und auch in den eigenen Wahlprospekten mit einem dunkelhäutigen Kind zu sehen war – seiner Adoptivtochter Bridget aus dem südasiatischen Bangladesch. McCain verlor erst South Carolina und danach die Nominierung. Später sagte er: »Wir haben in dieser Wahlauseinandersetzung wirklich widerliche Dinge erlebt. Wir sahen die hässliche Seite von Politik. Ich glaube fest daran, das für Menschen, die so etwas tun, in der Hölle ein spezieller Platz reserviert ist.«

Es kam anders. Die hässliche Seite der Politik wurde zur neuen Normalität, und Karl Rove landete im Jahr 2001 nicht in der Hölle, sondern im Zentrum der Macht. Er stieg unter Präsident Bush Junior, der ihn als »Architekt« seines Wahlsieges 2004 bezeichnete, zum stellvertretenden Amtschef des Weißen Hauses auf, leitete dort sieben Jahre lang die Abteilung »Politische Angelegenheiten«, die Abteilung »Öffentlichkeitsarbeit« und die Abteilung »Strategische Initiativen«.

Die hässliche Seite der Politik wurde zur neuen Normalität.

Nach dem Terroranschlag von 9/11 suchte und fand er Gelegenheit, seine diabolischen Fähigkeiten einmal mehr unter Beweis zu stellen, diesmal im Weltmaßstab. Es ging, wir werden darauf gleich zu sprechen kommen, jetzt nicht mehr um Wahl oder Wiederwahl, sondern um Krieg.

Roves Art der öffentlichen Kommunikation war zu Beginn des Jahrtausends noch eine Spezialität von politischen Hasardeuren, mittlerweile ist sie ins Zentrum des politischen Geschehens gerückt. Das Zeitalter der multiplen Überforderungen mit all seinen Sehnsüchten nach Vereinfachung und Verklärung bedeutet für die Illusionskünstler aller Länder die Einladung zum großen Spiel. Das Zielobjekt ihrer Strategie ist nicht mehr der Kopf der Wähler, sondern deren Bauch.

Emotionalität ist auch deshalb die neue Rationalität, weil sie den Politikern in einer Welt voll Hyperkomplexität die bes-

Emotionalität ist auch deshalb die neue Rationalität, weil sie den Politikern die besseren Dienste leistet. seren Dienste leistet. So sieht man das mittlerweile in allen politischen Lagern, auch bei den amerikanischen Demokraten. Keiner wirbt so leidenschaftlich – und so wissenschaftlich fundiert – für die Banalisierung von Politik wie der Gehirnforscher Drew Westen, der in der 2008er-Wahlauseinandersetzung Obama gegen Hillary Clinton den späteren US-Präsidenten beriet. Wer ihm begegnet, trifft auf einen Mann, der sich charakterlich deutlich von der herrischen, aufbrausenden und imperialen Art eines Karl Rove unterscheidet. Doch in der Sache schlafen beide unter demselben Dach.

Westen zerlegt das menschliche Gehirn in zwei Schaltkreise, einen für das Emotionale und den anderen für die vernunftgesteuerte Wahrnehmung. Beide Schaltkreise ergänzen sich und kontrollieren einander, sagt er, wobei der emotionale Schaltkreis die Eigenschaft besitzt, dass er ohne Fakten, Theorien und historische Belege auskommt. Er fällt auch bei unvollständiger Information, zum Beispiel über einen fremden Menschen, sein Urteil, und sei es aufgrund von Gesichtsausdruck, Gestik oder Geruch. Das emotionale Gehirn bildet sich seine Meinung also hinter dem Rücken des Verstands.

Da dieser Gehirnteil in der Geschichte der menschlichen Evolution deutlich vor dem rationalen Teil des Gehirns entstanden ist, arbeitet die emotionale Wahrnehmung schneller als die rationale. Wir fühlen, bevor wir denken. Da sich nahezu alles beschleunigen lässt, das Autofahren, das Essen und die Partnersuche, nur eben das Nachdenken nicht, gelte es, das Primat des Emotionalen zu akzeptieren, sagt Westen: »Wenn in der Politik Vernunft und Emotionen aufeinanderprallen, gewinnen ausnahmslos die Emotionen.«

Westen erinnert daran, dass es in unserem eigenen Leben Zeiten gab, in denen wir an die Zahnfee, den Weihnachtsmann, an Kobolde, Trolle und Gespenster glaubten. Der Grund dafür sei, dass sich das kindliche Hirn in einer perplexen, also nicht verstehbaren Umwelt mit Hilfe dieser emotionalen Fantasie- und Denkfiguren besser zurechtfinde. Das Unerklärliche wird durch Annahmen über die Wirklichkeit urteilsfähig gemacht, um daraus praktische, in früher Zeit lebensrettende Handlungen abzuleiten: gut oder böse, bleiben oder fliehen. Für die Wählerbeeinflussung heißt das: vertrauen oder misstrauen, wählen oder nicht wählen.

Wenn in der Politik Vernunft und Emotionen aufeinanderprallen, gewinnen ausnahmslos die Emotionen.

Leider würden, so Westen, die Wahlkämpfer der progressiven Parteien, also Liberale, Sozialdemokraten und Grüne, vor allem den durch die Vernunft gesteuerten Hirnbereich ansprechen. Das genau sei der fatale Irrtum der Linken, die Ratio der Wähler zu überschätzen: »Die Fähigkeit zu rationalen Einschätzungen hat sich entwickelt, um evolutionär ältere Systeme zu ergänzen, nicht um sie abzulösen«, sagt Westen. Die emotionalen Systeme seien aber die »entscheidungsfindenden Systeme«. Oder drastischer noch: »Wenn die Emotionen brüllen, geht die Vernunft in die Knie.« Wer diese biologische Wahrheit als Politiker akzeptiere, besitze »ungeahnte Möglichkeiten«.

Die meisten Politiker haben diese Wahrheit nicht nur akzeptiert, sondern pervertiert. Ihre Wahlkampfteams sind mittlerweile bevölkert von Maschinisten der Massenbeeinflussung, die sich ihrerseits auf den Einsatz der neuen Technologien zur Emotionalisierung, Personalisierung und Selektierung von Informationen verstehen. Den klassischen Experten für Innen-, Außen- und Sozialpolitik hat man marginalisiert, ebenso das patriarchalische Regime der Parteigremien. Eine hochbezahlte Hundertschaft von »Senior Advisern« und »Campaign Strategists« hat das Sagen, die sich darauf versteht, in Bildern und subtilen Botschaften zu denken, deren Adressat das Unterbewusstsein ist. Sie beherrschen das Rollenspiel und die Inszenierung, vor allem das Vorspielen von Wirklichkeit. »Scripted Reality« heißen die gut geplanten Zufallsbegegnungen mit Bürgern, für deren Casting es wiederum eigene Agenturen gibt. Bezahlt wird in dieser Welt des surrealen Realismus mit der Zweitwährung »Aufmerksamkeit«. Kaum jemand strebt ernsthaft nach Umsetzung einer Idee, nach Durchsetzung einer Vision, sondern man begnügt sich mit der medialen Belohnung. Die Wirklichkeit ist zynisch geworden.

Kaum jemand strebt ernsthaft nach Umsetzung einer Idee, nach Durchsetzung einer Vision, sondern man begnügt sich mit der medialen Belohnung.

Sidney Blumenthal ist einer der Magier dieser Zunft. Als ehemaliger Sprecher des Weißen Hauses unter Bill Clinton mischt er noch heute mit, wie die Veröffentlichung von 2900 Seiten privater E-Mails aus dem Postfach von Ex-Außenministerin Hillary Clinton offenbart. Blumenthal schrieb ihr am 27. August 2012 im Angesicht des heranziehenden Hurrikans Isaac und wenige Stunden vor der Nominierung des Republikaners Mitt Romney zum Herausforderer Obamas:

»Der Moment, an dem George W. Bushs Popularität kollabierte, war nicht das Ergebnis des Irakkrieges, sondern die Folgen des Hurrikans Katrina.« Deshalb – und um einen Kontrapunkt zum bevorstehenden republikanischen Parteitag zu setzen – empfahl Blumenthal, den Hurrikan zu nutzen, um die Tatkraft des Präsidenten zu inszenieren, am besten durch einen Besuch in der Krisenregion. Blumenthal in seiner E-Mail:

Das Thema des republikanischen Parteitages sei das Scheitern von Präsident Obama. Deshalb habe ein Einsatz vor Ort »a) den Vorteil, implizit einen Kontrast zu Bush und Katrina herzustellen, b) die Effektivität der Regierung Obama zu beweisen, c) die Unverzichtbarkeit der Zentralregierung zu zeigen, ohne daraus einen ideologischen Fall zu machen«.

Hillary Clinton erwiderte: »Ich werde diese Ideen an das Weiße Haus weiterleiten. Wir werden sehen, was passiert.«

Blumenthal, befeuert von der Tatsache, dass die Außenministerin angebissen hatte, schrieb zurück: »Alles, was Obama tun muss, ist, an der Golfküste aufzutauchen, umgeben von Nationalgardisten. Dieser Hurrikan ist unser Gegen-Parteitag. Er enthält die Gegen-Botschaft, ohne dass wir diese aussprechen müssen. Am Jahrestag von Katrina drängt sich der Kontrast zu Bush auf natürliche Weise auf.«

Sechs Tage nach der Mail, der Hurrikan hatte erwartungsgemäß gewütet und einen Schaden von 2,4 Milliarden Dollar angerichtet, landete Obama an der Golfküste, umgeben von Nationalgardisten. »Viele Menschen hier konnten nur durch Boote gerettet werden. Sie waren in ihren Häusern gefangen. Aber dank der großartigen Arbeit der Vollzugsbehörden, der Nationalgarde, der Küstenwache ging kein Menschenleben verloren«, sagte er. Die Zusammenarbeit der Landesbehörden mit der Zentralregierung habe reibungslos funktioniert – »das war ja in der Vergangenheit bei ähnlichen Gelegenheiten nicht immer so«. Die Medien berichteten positiv über einen Mann mit Tatkraft. Der Anti-Bush-Effekt trat wie gewünscht ein. Die

Vision Blumenthals von der »permanenten Kampagne« war drehbuchgemäß umgesetzt worden. Als Gerhard Schröder im Wahlkampf gegen Edmund Stoiber den Oderbruch besuchte, folgte er dem gleichen Drehbuch.

Nirgendwo in Europa will man den Zug der Zeit verpassen. Der ehemalige britische Premierminister David Cameron hat im Regierungssitz Downing Street No. 10 eigens ein Team von Verhaltensforschern und Neurologen eingestellt, die als Abteilung »Behavioural Insights« das instinktgesteuerte Bürgerverhalten studiert und für die Regierungsarbeit fruchtbar gemacht haben.

Als die Physikerin Angela Merkel davon erfuhr, wollte sie diese Novität auch ins Berliner Kanzleramt importieren. Also siedelte sie in Fußnähe zu ihrem Büro ein international besetztes Team an, das einem Abteilungsleiter »Politische Planung, Grundsatzfragen und Sonderaufgaben« untersteht und ihr beim »wirksamen Regieren«, wie es in den Stellenausschreibungen hieß, behilflich sein soll.

Die Arbeit dieser Teams in London und Berlin, mittlerweile auch in Kopenhagen, beruht auf den Erkenntnissen des Nobelpreisträgers Daniel Kahneman, der die Behauptung vom Menschen als rationalem Homo oeconomicus psychologisch erschüttert hat und – ähnlich wie Sigmund Freud, der Biologe Iwan Pawlow und die US-Ökonomen Richard Thaler und Cass Sunstein – auf ein automatisiertes, im Unterbewussten arbeitendes System hinwies. Dieses bereite Entscheidungen durch Intuition und Präferenzen nicht nur vor, sondern treffe sie auf vernunftfreier Basis auch allein. Die großen Handelsmarken haben das »Neuromarketing«, die subtile Beeinflussung der Konsumenten, schon vor der Politik für sich entdeckt. Nun sind wir die Kaninchen bei dem Versuch, diese verhaltenspsychologischen Techniken des Manipulierens und Verkaufens auf die Demokratie zu übertragen.

Die Folgen, zuallererst die im Denken der heutigen Politikergeneration, sind allenthalben zu besichtigen. Früher war die Wirklichkeit eine Unabänderlichkeit, heute ist sie ein Rohstoff für die »große Geschichte«, der nahezu beliebig verformt, beschnitten, vergrößert und verkleinert werden kann. Der Clou der Story liegt darin, dass damit eine neue Wirklichkeit in den Köpfen der Wähler entsteht, die niemand ignorieren kann. Der Pulitzerpreisträger Ron Suskind sprach für das *New York Times Magazine* im Schutz der Anonymität über die Rückkoppelungseffekte von Narrativ und Wirklichkeit mit einem hochrangigen Bush-Helfer, mutmaßlich Karl Rove. Das Ergebnis des Gesprächs hielt Suskind so fest:

Wir sind die Kaninchen bei dem Versuch, diese psychologischen Techniken des Manipulierens und Verkaufens auf die Demokratie zu übertragen.

»Der Berater sagte, dass Leute wie ich einer wirklichkeitshörigen Community angehörten, die glaube, dass politische Lösungen das Ergebnis einer gründlichen Beschäftigung mit der Wirklichkeit seien. Ich murmelte etwas von Aufklärung und Empirie. Er schnitt mir das Wort ab. ›So funktioniert die Welt heute nicht mehr‹, sagte er. ›Wir sind heute ein Imperium, und wenn wir handeln, schaffen wir unsere eigene Realität. Und während Sie diese Wirklichkeit studieren, handeln wir schon wieder und schaffen eine neue Wirklichkeit, die Sie wiederum studieren können. Das ist die Art und Weise, wie die Dinge sich heute sortieren.‹«

Die Bush-Regierung als Herrin der Wirklichkeit, nicht durch die Verstaatlichung von Medien und das Kaufen von Interessengruppen, sondern durch die Beherrschung des gültigen Narrativs: An diesem Menschheitsexperiment, das nach 9/11 scheinbar mühelos die Grenze von der Banalisierung zur Fiktionalisierung überwand, leidet die Welt noch heute. In den selbst erschaffenen Realitäten der Bush-Krieger stieg der irakische Diktator, der von den Al-Qaida-Anschlägen mutmaßlich erst durch CNN erfahren hatte, zum Drahtzieher auf. In seinem technologisch unterentwickelten Wüstenstaat befand sich laut Narrativ plötzlich ein Arsenal später unauffindbarer »Massenvernichtungswaffen«, sollten ausgerechnet die bis zur Sprachlosigkeit verfeindeten Iraker und Iraner, die einen von Sunniten, die anderen von Schiiten beherrscht, mit den Steinzeitkommunisten in Nordkorea zu einer »Achse des Bösen« verschmelzen. Und als sich längst abzeichnete, dass die Fantasie mit den Geschichtenerzählern durchgegangen war und auch der »Krieg gegen den Terror« ein nicht enden wollender »Forever-war« (*New York Times*) sein würde, erklärten Bush, Cheney, Rumsfeld und Rove diese widrige Wirklichkeit den besorgten Wählern für erledigt: »Mission accomplished« stand auf dem Banner, vor dem Bush am 1. Mai 2003 auf dem US-Flugzeugträger »Abraham Lincoln« mit Fliegerjacke posierte. Die Führung der Deutschen Wehrmacht, die noch in der Endphase des Zweiten Weltkriegs beharrlich ihre Siegesmeldungen absetzte, hätte an dieser Inszenierung ihre Freude gehabt.

Der Mangel an Wahrheitsgehalt, der die amerikanische Anti-Terror-Politik von Anfang an gekennzeichnet hat, wurde durch eine schauspielerische Leistung ausgeglichen, die ihres-

Die Bush-Regierung als Herrin der Wirklichkeit, nicht durch die Verstaatlichung von Medien und das Kaufen von Interessengruppen, sondern durch die Beherrschung des gültigen Narrativs.

gleichen sucht. Über Jahre – von der Diashow des US-Außenministers Colin Powell im Sicherheitsrat der Vereinten Nationen bis zu den fröhlichen Truthahnessen von Präsident Bush Jr. und Condoleezza Rice in Bagdad – wurde das heimische Publikum mit Bestätigungs- und Glücksmomenten versorgt. So bewirtschaftet man Gefühle.

Die Wirklichkeit hingegen bot ein Kontrastprogramm, das kaum noch Schnittmengen mit der Inszenierung aufwies. Bis heute ist der Irak Schauplatz heftigster Militärgefechte. Es gab keine Nach-Saddam-Ordnung, die länger als ein paar Monate hielt. Die USA haben den gesamten Nahen Osten aufgewühlt, schufen geistige und geografische Brutstätten des Terrorismus, hinterließen auch in der Zivilbevölkerung eine Blutspur, die anhaltend für Verbitterung und Hass sorgt. Seit dem Einmarsch der USA im Irak sind dort mehr als 370.000 Menschen, darunter 210.000 Zivilisten, im Rahmen der kriegerischen Auseinandersetzung ums Leben gekommen. Der Westen bekämpft den Terrorismus, indem er ihn züchtet.

Der Westen bekämpft den Terrorismus, indem er ihn züchtet.

Arabische Terroristen greifen ihrerseits westliche Konzerthallen, Zeitungsredaktionen und Militäreinrichtungen an, was die USA und ihre Verbündeten zu immer neuen Interventionen veranlasst. Wie wir in Kapitel 3 gesehen haben: Eine schier endlose Spirale von Hass und Gegenhass ist in Gang gekommen, die nur für eines die Garantie bietet, dass so niemals Frieden zwischen den Kulturkreisen einkehren wird.

Natürlich ist es legitim, an erster Stelle die Bush-Regierung für dieses düstere Kapitel amerikanischer Außenpolitik zur Verantwortung zu ziehen. Ihre Fehler waren elementar und kolossal, sie werden nicht dadurch geschmälert, dass sie zunächst auch populär waren. Aber zugleich erkennen wir in der symbiotischen Beziehung von Volk und Führern das Muster einer überforderten Gesellschaft, die ihrer Regierung erst vertraut, dann folgt und, selbst wenn der ganze Schwindel auffliegt, nicht von ihr lassen kann. In absoluten Stimmen gewann Bush bei seiner Wiederwahl im Jahr 2004 mehr Wähler als jeder andere zuvor gewählte amerikanische Präsident. Zum ersten Mal seit 1988 erhielt der Wahlsieger die absolute Mehrheit der abgegebenen Wählerstimmen. Das Irakdesaster endete für Bush nicht mit einem Amtsenthebungsverfahren – wie wenige Jahre zuvor Bill Clintons Praktikantinnenaffäre –, sondern mit einem Erdrutschsieg.

Bush erkannte die mentale Überforderung des Volkes nach 9/11 und reagierte darauf mit einer zwar frei erfundenen, aber in patriotischem Geist erzählten Geschichte. In ihr wurden Opfer zu Freiheitskämpfern.

Die Gründe sind nur mit den Instrumenten der politischen Psychologie zu erfassen. Es war zur wechselseitigen Anerkennung der Überforderungssymptome gekommen. Bush erkannte die mentale Überforderung des Volkes nach 9/11 und reagierte darauf mit einer zwar frei erfundenen, aber in patriotischem Geist erzählten Geschichte. In ihr wurden Opfer zu Freiheitskämpfern. Aus Angst wurde Stolz. Aus Stolz wurde Krieg. Und wenn es auch ein Krieg aus den falschen Gründen war, so war es doch ein Krieg gegen den richtigen Gegner. Aufgeben sei keine Option, sagte Bush später immer wieder. So stand es schließlich auch auf den Autoaufklebern: Surrender Is Not An Option.

Das Volk zeigte sich, als die Wahrheit über die erfundenen Kriegsgründe aufflog, nachsichtig. Die Bush-Krieger erlebten inmitten ihres militärischen und außenpolitischen Debakels einen letzten politisch-psychologischen Triumph. Die Methodik des Karl Rove, brutalstmögliche Reduzierung von Komplexität, verfing erneut. Die am klassischen Western orientierte emotionale Zuspitzung – die oder wir – gelang. Ein Schurke bleibt ein Schurke, auch ohne Massenvernichtungswaffen, so der Tenor. Den richtigen Feind mit den falschen Gründen anzugreifen sei keine Schmach, sondern ein Verdienst. Wer die Regierung dafür kritisiere, schade Amerika. Für Bush und – wichtiger noch – für seine Wähler und Anhänger galten damit mildernde Umstände. Seine Überforderung war plötzlich die ihre. Man saß im falschen Film, aber das gemeinsam.

Bush und seine Anhänger saßen im falschen Film, aber das gemeinsam.

Denn es ergeht den Geführten ja keineswegs besser als den Führern. Die Besinnungslosigkeiten des Alltagslebens, die Zerstörung von Muße, die Zerstückelung der Zeit, die digitale Verdichtung der Welt (siehe Kapitel 6) und die Oberflächlichkeit der Informationsaufnahme addieren sich für ein Millionenpublikum zu einem Festival nervöser Gleichzeitigkeiten, das die Bühne bildet für die so eingängig erzählten Geschichten von Gut und Böse. So kommt es im Zeitalter der persönlichen und politischen Überforderung zu einer Entwicklung, die sich als »demokratische Rezession« beschreiben lässt. Die Schrumpfung des politischen Wirklichkeitsgehalts bereitet den Boden für den Virus des Fiktionalen, der seinerseits die fatale Neigung besitzt, vom Narrativ der Wahlkämpfer auf das Regierungshandeln überzuspringen.

Die Politiker sind im eigenen Narrativ gefangen, die ihnen anvertrauten Gesellschaften nicht minder. Amüsiert, emotionalisiert und banalisiert werden sie so zu Zuschauern ihrer eigenen demokratischen Entmündigung. Denn die fortschreitende Entwirklichung von Politik entfremdet die eigentlichen Machthaber des demokratischen Prozesses, die Bürger, vom rationalen Kern guter Politik. Das Wort weist uns den Weg: Ohne Vernunft kann es keine vernünftige Politik geben. »Alle Macht geht vom Volke aus«, heißt es in den Verfassungen aller westlichen Staaten. In Wahrheit wäre an dieser Stelle längst ein Zusatz fällig: »Und kehrt vier Jahre lang nicht zu ihm zurück.«

Der amerikanische Präsident wechselte, an der Kultur des Geschichtenerzählens änderte sich nichts. Nur dass mit Barack Obama eine andere, einfühlsamere Art der Erzählung begann. Wo eben noch von Stärke und Kampf gesprochen wurde, warb er für Hoffnung und Veränderung. Die einstige Reduktion auf eine brutalisierte Welt des Konflikts wurde durch die Fiktion ihrer Heilung abgelöst. Wirklichkeit und Wahrnehmung blieben auf Distanz zueinander, nur dass eine republikanische durch eine demokratische Entrückung ersetzt worden war.

Schon Obamas erster Wahlkampf, damals noch als Jung-senator aus Illinois geführt, war ein einziges großes Narrativ. Was mit der in Buchform vermarkteten Lebensgeschichte begann, mündete schließlich in einem modernen Märchen, das von Hoffnung und Umarmung handelte, von der histo-rischen Aussöhnung von Parteien, Geschlechtern, Rassen und Kulturkreisen. Gegen eine Kandidatin wie Hillary Clin-ton – welterfahren, realistisch, vernunftgesteuert – setzten Obamas Berater – Drew Westen war einer davon – gezielt auf die emotionale Gehirnhälfte. Clinton beherrschte das Argu-ment, er den Ton. Sie bot Konzepte, er das große Gefühl. Sie überzeugte, aber er gewann. Hatten Rousseau und die anderen Denker der Aufklärung noch behauptet, die Vernunft sei die

Grundlage der Demokratie, so war spätestens mit der Obamania der Gegenbeweis erbracht.

Im Regierungsalltag ging – die Rationalisten würden sagen: erwartungsgemäß – keines der Heilsversprechen in Erfüllung. Das politische Amerika ist gespaltener denn je, die Alltagsgewalt steigt, die Schwarzen kämpfen und sterben im Ghetto, den neuen Staatsschulden der Bush-Ära von sechs Billionen Dollar fügte Obama weitere neun Billionen Dollar hinzu. Mit den islamischen Staaten liefert sich seine Regierung an mittlerweile fünf Einsatzorten – Irak, Pakistan, Afghanistan, Libyen und Syrien – blutige Gefechte. Doch der Präsident setzt weiter auf die windigen Methoden, denen er seinen ersten Wahlsieg verdankt. Auf die Gründe für die bald nach seiner Wahl einsetzende Wählerenttäuschung angesprochen, antwortete er: »Ich habe nach dem Einzug ins Weiße Haus das Storytelling vernachlässigt und nicht genug darauf geachtet, eine kohärente und überzeugende Geschichte zu erzählen.«

Hatten die Denker der Aufklärung noch behauptet, die Vernunft sei die Grundlage der Demokratie, so war spätestens mit der Obamania der Gegenbeweis erbracht.

Europa hat sich als wissbegieriger Schüler der Amerikaner erwiesen. Auch in unseren Breiten werden die meisten Zehn-Punkte-Pläne verfasst, um Aktivität vorzutäuschen. Sie sollen nicht, wie behauptet, den Staat, das Klima oder die Rentenkasse retten, nicht den Frieden bringen oder die Armut beseitigen, sondern lediglich das Publikum für die Länge einer Zeitungslektüre beeindrucken. Es geht den meisten Politikern nicht mehr darum, Probleme zu lösen, sondern die Problemlösung zu behaupten. Der Schein triumphiert über das Sein. Wer sich die zahlreichen »Erfolgsmeldungen« des Außenministers Steinmeier zum Konflikt in der Ostukraine (Minsk 1, Minsk 2 usw.) und dann die fortdauernde kriegerische Wirklichkeit vor Augen führt, weiß, was hier gemeint ist. Das Gleiche gilt auch für die immer wieder behaupteten »Fortschritte«, die die so hoch verschuldeten Südstaaten der EU angeblich machen.

Es geht den meisten Politikern nicht mehr darum, Probleme zu lösen, sondern die Problemlösung zu behaupten. Der Schein triumphiert über das Sein.

Mühelos lässt sich diese Behauptung im Selbstexperiment überprüfen, wir müssen nur die Mediathek eines öffentlich-rechtlichen TV-Senders ansteuern und dort eine zehn Jahre alte Nachrichtensendung auswählen. Man erkennt schnell, dass auffällig viele der relevanten Nachrichten von einst sich im Nachhinein als Fehl- und Falschinformation herausstellen. Wer damals im Maastricht-Vertrag finanzielle Solidität versprach, ließ anschließend die Staatsverschuldung in nie dagewesene Höhen schießen. Wer mit der Lissabon-Strategie einen Zehn-Jahres-Plan zur Steigerung der Ausgaben von Forschung und Entwicklung beschloss, verfiel anschließend in eine komatöse Gleichgültigkeit. Die Ausgaben für Forschung und Entwicklung stiegen europaweit zwischen 2000 und 2010 nicht wie feierlich ratifiziert auf drei Prozent der europäischen Wirtschaftskraft, sondern erhöhten sich von 1,82 auf 1,93 Prozent. Europa wurde nicht zum »dynamischsten wissenbasierten Wirtschaftsraum der Welt«, wie es in der Lissabon-Agenda heißt, sondern verlor an Innovationskraft und bildet heute hinter Amerika und Asien das Schlusslicht der entwickelten Welt. Die europäische Währung wurde nicht zum Stabilitätsanker der Welt, sondern führte zur Renaissance des Dollars. Mit der Europäischen Notenbank entstand keine zweite Bundesbank, sondern die größte Gelddruckmaschine auf europäischem Boden. (Siehe Kapitel 5.) Der in den EU-Verträgen festgeschriebene Haftungsausschluss für Schuldenstaaten wurde in der Sekunde, als es zum Schwur hätte kommen sollen, feierlich ignoriert.

Jede Halteverbotszone wird heute strenger kontrolliert als die Einhaltung der Stabilitätskriterien des Vertrages von Maastricht, was daran liegt, dass derartige Staatsverträge gar nicht für die Exekution bestimmt sind. Das Halteverbot dient der Aufrechterhaltung der Verkehrsordnung. Der Maastricht-Vertrag diente allein dem Narrativ. Er sollte den Völkern gar keine bessere Finanzpolitik bringen, sondern nur ein besseres Gefühl. Diese große Wunschliste zur finanzpolitischen Solidität Europas korrespondierte von Anfang an nicht mit dem kollektiven Willen, diese Wünsche wahr werden zu lassen. Es fehlte dafür alles, was man zur Durchsetzung von Politik braucht: Konsens, was das Ziel angeht, Transparenz, Kontrolle und Strafen bei Nicht-Umsetzung. Der Maastricht-Vertrag war nicht mehr als eine Absichtserklärung, aber die Absicht war nicht – wie der Laie glauben könnte – eine größere Stabilität der europäischen Währung, sondern die Absicht war ein In-Sicherheit-Wiegen der Bürger in den Stabilitätsländern im Norden Europas. Hannah Arendt sprach in »Wahrheit und Lüge« am Beispiel des Vietnamkrieges vom Prozess der »Entwirklichung«, vom bewussten Erzeugen einer »Alice-im-Wunderland-Atmosphäre«. Das Thema wechselte, die Methode blieb.

Die Methoden der Pseudopolitik sind, wie wir gesehen haben, keineswegs auf Regierungen und Parteien beschränkt.

> **Der Maastricht-Vertrag sollte den Völkern keine bessere Finanzpolitik bringen, sondern nur ein besseres Gefühl.**

Auch die Wirtschaft weiß, wie man das Publikum mit seiner eigenen Arglosigkeit betrügt: Geldhäuser, die ihrer Kundschaft finanzielle Sicherheit versprachen, hatten in Wahrheit ein Paket explosiver Finanzprodukte im Angebot, das wenig später im Depot des Anlegers detonierte. Die Erfolge zum »Schutz der Umwelt« verdankt die Automobilindustrie auch einer weltweiten Softwaremanipulation. Und als Volkswagen nach dem Bekanntwerden erster Fallzahlen verkündete, die meisten Dieselfahrzeuge des Unternehmens entsprächen den gesetzlichen Vorgaben, wusste jeder, dass auch diese Aussage ein Verfallsdatum hat. Die Worte »Bio«, »Öko« und »Nachhaltigkeit« wurden weltweit zu Tarnnamen für Scharlatanerie. Nahezu kein Narrativ kommt heute mehr ohne sie aus. Wenn eine Firma wie Teekanne einen Himbeertee anpreist, ahnt man schon vor dem einschlägigen Gerichtsurteil, dass dieses Getränk noch nie eine Himbeere gesehen hat und stattdessen, wie von der Anklage behauptet, aus Holzspänen und Aromastoffen besteht. Man kennt mittlerweile seine Pappenheimer.

Das Neue sind nicht der Betrug von wenigen kriminellen Mitarbeitern oder die vielen kleinen Schummeleien, die das Leben, auch das Wirtschaftsleben, mit sich bringen. Das Neue besteht darin, dass die obersten Spitzen in Wirtschaft und Politik – unterstützt von einer Milliardenindustrie aus PR-Beratern, Neurologen, Psychologen, Anwälten und Marketingfachleuten – sich Märchen ausdenken, die gar nicht dafür bestimmt sind, wahr zu werden. Diese Märchen handeln vom »grünen Konzern«, von »nachhaltiger Politik«, vom »sicheren Finanzprodukt« oder von »natürlicher Ernährung« und

dienen vor allem dem emotionalisierenden Narrativ. Als Vorsatz wären diese Überschriften aller Ehren wert. Aber sie dienen oft nicht als Leitbild, sondern als Irrlicht. »Gaslighting«
nennt der Psychologe und jahrzehntelange Washingtoner
Lobbyist Bryant Welch das Verfahren zur Illuminierung von
Wirklichkeit. Das Wort »gaslighting« hat er dem 1944 produzierten Kinofilm »Gaslight« mit Charles Boyer und Ingrid
Bergman entnommen. Um seine Frau zu verwirren, ihre Wahrnehmung von der Wirklichkeit zu trüben und sie sich schließlich gefügig zu machen, dreht der Mann die Gaslampen im
Haus heimlich heller und dunkler. Die ständig wechselnde
Beleuchtung, die der Mann zwar herbeiführt, ihr gegenüber
aber bestreitet, bedeutet einen Anschlag auf ihren Realitäts-
sinn. Die Frau traut sich schließlich kein eigenes Urteil mehr
zu, ist angewiesen auf das Urteil ihres Mannes, wird so von der
Partnerin zur Abhängigen.

Dieses Verfahren, sagt Welch, charakterisiere die heutige Politik. Derweil der Laie glaube, die Wirklichkeit sei die
Wirklichkeit und als solche nicht zu manipulieren, bestehe
moderne Politik im Kern genau daraus: aus dem Einsatz mani-
pulativer Techniken zur Veränderung von Wahrnehmung. Die
Wirklichkeit werde – je nach Interessenlage von Regierung
und Opposition – verdüstert oder erhellt, sie werde grell aus-
geleuchtet oder weggeblendet. Die Realität müsse nicht real
sein, sie müsse nur so wirken. In Zeiten hoher Komplexität,
die beim Wähler fast naturgesetzlich zur Überforderung führten, erlebe die Illusionskunst der Politik ihre große Zeit, sagt
Welch: Denn die Menschen sehnen sich jetzt nicht nach mehr
Wirklichkeit, sondern nach weniger, durch Vereinfachung
hoffen sie, der Komplexität zu entkommen. Die Banalisierung und Fiktionalisierung von Politik wird nicht länger als

Bedrohung, sondern als Erleichterung empfunden. Das politische »Gaslighting« hat damit seinen Zweck erreicht, aus Bürgern wurden Mündel, der Souverän begegnet sich selbst als Abhängigem. »Wem willst du folgen: mir oder deinen eigenen Augen?«, fragt Groucho Marx.

Damit der Schwindel nicht so schnell auffliegt, hat sich in der Politik ein Verfahren durchgesetzt, das die Amerikaner »pussyfooting« nennen. Wie die Katze um den heißen Brei schleichen Politiker und Parteien um die harten Themen herum, bieten dem Volk ein Sortiment von Parallelerzählungen, die zwar für Weltfrieden und Wohlstand gänzlich irrelevant sind, die aber Wählergehirne umso intensiver zu bewegen vermögen. Auch wenn den Automobilarbeitern in Detroit und den Farmern in Iowa mit einer klugen Wirtschafts- und Sozialpolitik mehr gedient wäre, lassen sich beide Zielgruppen mit den Bildern küssender Männerpaare auf den Stufen einer Baptistenkirche in San Franzisco schneller in Erregung versetzen.

Die »Homo-Ehe« schafft Identität, wärmt ihre Gegner für einen flüchtigen Augenblick, vor allem aber lenkt sie ab. Die Welt wird so überschaubar und mit der richtigen Haltung auch beherrschbar, lautet die heimliche Botschaft.

Auch in Deutschland weiß man, wie die Ablenkungsstrategien des »pussyfooting« funktionieren.

Auch in Deutschland weiß man, wie die Ablenkungsstrategien funktionieren. Die sorgfältig gepflegte Gegnerschaft zur gleichgeschlechtlichen Partnerschaft, das Befürworten und Bekämpfen des Veggiedays, der Streit um ein Handyverbot für Autofahrer, der Vorstoß zur Einführung eines Schlagloch-Solis (Schleswig-Holsteins Ministerpräsident Albig) oder die Idee des CSU-Generalsekretärs, Ausländer in Deutschland sollten gesetzlich verpflichtet werden, in den eigenen vier Wänden Deutsch zu sprechen, sind Themen, die der Ablenkung und damit der Irreführung dienen. Der Pussyfooter drückt sich mit Hilfe der zuweilen amüsiersüchtigen Medien geschmeidig an den wichtigen Themen der globalen Agenda – Kriege in Nahost, Terrorismus, Klimakatastrophe und die ungleiche Vermögensverteilung, soziale Auswirkungen der Digitalisierung etc. – vorbei. Der republikanische Präsidentschaftskandidat des Jahres 1940 – der deutschstämmige Wendell Lewis Willkie, der gegen Franklin D. Roosevelt knapp unterlag – kämpfte leidenschaftlich gegen diese politisch orchestrierten Ablenkungskampagnen: »Ich bin es wirklich leid, diese Pussyfooter ertragen zu

Im Zeitalter der Überforderung hat der Ablenkungspolitiker seinen großen Auftritt.

müssen«, sagte er 1944. Wenige Wochen später starb der erst 52-jährige an einem Herzinfarkt. Die Pussyfooters aller Länder aber machten Karriere.

Im Zeitalter der Überforderung hat der Ablenkungspolitiker seinen großen Auftritt. »Bullshitting«, nennt Dick Meyer das Phänomen in seinem Buch »Why we hate us«. Die Bevölkerung wisse im Grunde sehr genau, dass jeder Satz eines Regierungspolitikers, der mit den Worten »Um Ihnen die Wahrheit zu sagen ...« beginnt, nur wieder eine neue Unwahrheit enthalte. Im Unterschied zur regulären Lüge sei das politische »Bullshitting« deutlich raffinierter. Die Kunstfertigkeit der Verfremdung, der Grad an Selbstbezogenheit, das schauspielerische Talent der Akteure und ihr Kreisen im Looping der eigenen Ideenwelt habe über die Jahrzehnte zugenommen. Meyer, der dreißig Jahre als Reporter und Produzent für National Public Radio, CBS und die BBC in Washington gearbeitet hat, fasst seine Erfahrung auf derbe Art zusammen:

»Um die Wahrheit zu sagen: Politik ist der Goldstandard von Bullshit.«

Wie unempfindlich, ja ungerührt die Politik auf die Zerstörung ihrer Narrative reagiert, zeigte sich im Sommer 2016 am Beispiel der TTIP-Debatte. Die Kanzlerin hatte sich darauf festgelegt, dass sie ein Freihandelsabkommen zwischen Europa und den USA unterstütze und daher noch bis Dezember, also bevor ein neuer Präsident im Weißen Haus einziehe, die Ratifizierung eines Vertrages zu ihren Prioritäten zähle. Mit dieser Position signalisierte sie den Konzernen und ihren Verbänden Wirtschaftsfreundlichkeit und dem allgemeinen Wahlvolk Entschlossenheit.

Doch diese Position war nur eine Pose, weil die Kanzlerin wusste, dass die Verhandlungen nicht weit genug gediehen waren, um bis Dezember einen Vertrag vorlegen zu können. Vierzehn Verhandlungsrunden in drei Jahren hatten nicht gereicht, um wichtige Themen des transatlantischen Handels, wie die Energiefrage, zu behandeln. Zu keinem einzigen Thema war bis August 2016 eine konsensfähige Formulierung erarbeitet, bei relevanten Fragen, wie der Abschaffung von Agrarzöllen oder dem freien Zugang zum staatlichen Beschaffungswesen der USA, waren die Unterhändler sich derart in die Haare geraten, dass ein Kompromiss nicht zu erwarten war. Als ein vertrauliches Gutachten des Wirtschaftsministeriums bekannt wurde, das auf 25 Seiten diese Widrigkeiten auflistete und damit die Unmöglichkeit der merkelschen Position vor Augen führte, reagierte die Kanzlerin prototypisch für den neuzeitlichen Illusionspolitiker: Der transatlantische Handel sei bedeutsam für beide Seiten, sagte sie: »Wir bleiben daher bei unserem Zeitplan: Eine Einigung noch im Dezember ist wünschenswert.«

Von der Wirklichkeit lässt sich der gewiefte Illusionskünstler nicht beirren, lieber schafft er sich – siehe Karl Rove – seine eigene Wirklichkeit, die er in der öffentlichen Wahrnehmung durch Aktivierung seiner Regierungsautorität durchzusetzen versucht. Es geht, wohlgemerkt, nicht um die Durchsetzung von Politik, sondern um die Durchsetzung des Narrativs. Merkel kämpfte eben nicht für eine Beschleunigung der Verhandlungen, warb nicht für ein Spitzengespräch mit dem US-Präsidenten zur Klärung bedeutsamer Fragen, sondern mühte sich lediglich, in der Öffentlichkeit das Bild des engagierten Transatlantikers aufrecht

> **Es ging Angela Merkel nicht um das Verändern von Wirklichkeit, sondern um das Verändern von Wahrnehmung.**

zu halten. Es ging ihr einmal mehr nicht um das Verändern von Wirklichkeit, sondern um das Verändern von Wahrnehmung. Das TTIP-Abkommen mit den USA, diese Prognose sei hier gewagt, wird weder zu Zeiten von Obama noch innerhalb der Ära Merkel ratifiziert. Dafür sind die realen politischen Energien, die in dieses Projekt investiert werden, zu gering.

Die Hauptstadt des politischen Narrativs aber ist nicht Berlin, sondern Brüssel. Durch immer neue Fortschrittserzählungen glaubt man, die europäischen Völker bei der Stange halten zu können. Die Erzählung von der »immer tieferen Union« (the ever closer Union), die unbeirrbar zur nächsten Stufe von Harmonisierung und Vereinheitlichung schreitet, dient dazu, eine geschichtsmächtige Alternativlosigkeit zu suggerieren, der man sich nur durch waghalsige Aktionen (Vorsicht, Brexit!) entziehen kann.

Mittlerweile lernen die nachrückenden Europaabgeordneten in eigenen Kursen, wie man den Wähler durch Sprache, nicht durch Taten, beeinflusst. In sogenannten »Framing-

Seminaren«, durchgeführt von der Linguistin Elisabeth Wehling, wird Wert darauf gelegt, dass erfolgreiche Politik eben kein vernunftbasiertes Geschäft sei, sondern die Kunst der manipulativen Benutzung von Sprache. »Unser Denken ist nur zu zwei Prozent ein bewusster Prozess. Der größte Teil unseres Denkens, rund 98 Prozent, findet außerhalb unserer bewussten Wahrnehmung statt«, behauptet Wehling. Deshalb komme es darauf an, die richtigen »Frames«, also Sprachbilder und Reizworte, zu benutzen, um im Gehirn die gewünschten Impulse auszulösen. Die von einer politischen Gruppierung oder Partei konsequent benutzten Frames würden mit der Häufigkeit ihres Gebrauchs sich im Gehirn der Wähler festsetzen und eine neuronale Verbindung unterhalb der Schwelle bewusster Wahrnehmung bilden: »Je öfter wir die Worte oder Sätze hören, die bestimmte Ideen miteinander assoziieren, desto selbstverständlicher wird diese Assoziation Teil unseres alltäglichen Denkens und formt langfristig unsere Wahrnehmung.« Die Expertin der diskreten Wählerbeeinflussung spricht von »metaphoric mapping«. Auch ihr US-Kollege George Lakoff, der als Sprachberater der Demokraten arbeitet, mahnt zur »message discipline«, weil nur mit erhöhter Dosierung der »richtigen« Frames die erhoffte bewusstseinsverändernde Wirkung beim Wähler eintrete: »Frames bilden die mentale Struktur, die unsere Sicht auf die Welt steuert.« Framing wurde die neue, die subtile Form der Propaganda.

Brüssel ist die Hauptstadt der Geschichtenerzähler.

Das Wort »Steuererleichterung« löst demnach Wohlbefinden aus, das Wort »Steueroase« dagegen ist tunlichst zu meiden. Die Bundeswehr zieht nicht in den Krieg, sondern bricht zu einer »Friedensmission« auf. Die Milliarden für Südeuropa flossen nicht in ein »Fass ohne Boden«, sondern bilden einen »Rettungsschirm«. Der US-Kongress beschloss nicht das größte Schuldenprogramm der Nachkriegszeit, sondern ein »Stimuluspaket«. Der 2008 zwischen den USA und der EU geschlossene Vertrag zur Steigerung des transatlantischen Flugverkehrs ist nicht ein »Freibrief zur Luftverschmutzung«, sondern firmiert als das »Abkommen Offener Himmel«. Die EZB schmiss nach der Lehman-Pleite nicht die Gelddruckmaschine an, sondern legte das Programm »Quantitative Lockerung« auf. Die serielle Rettungspolitik der Kanzlerin ist nicht teuer und wirkungsfrei, sondern »alternativlos«.

So lernt schon der junge Parlamentarier aus der Fülle politischer Worthülsen die neurologisch richtigen, weil wirkungsvollen auszuwählen. Mittlerweile sind die Parteien dazu übergegangen, per E-Mail und SMS die jeweils tagesgültige »Sprachregelung«, wie sie es nennen, an ihre Funktionäre und Mandatsträger zu senden. Der Abgeordnete ist nicht mehr seinem Gewissen, sondern dieser Sprachregelung verpflichtet. Wer, wie der CSU-Politiker Peter Gauweiler, sich dem Reglement verweigert, gilt als unsicherer Kantonist und wird von der Fraktionsführung als Bundestagsredner nur noch außerhalb der TV-Übertragungszeiten zugelassen. Gauweiler zog schließlich die Konsequenz und trat von allen politischen Ämtern zurück. Den real existierenden Parteien bescheinigte er eine »politische Sprache, die zerfressen ist von Schönfärberei. Und ohne jede Fantasie für die Zukunft.« Es sei ein bisschen wie mit dem französischen Adel vor der Revolution von 1789.

> Mittlerweile sind die Parteien dazu übergegangen, per SMS die tagesgültige »Sprachregelung« an ihre Funktionäre zu senden.

Doch in Berlin und Brüssel hört man nicht auf Gauweiler, sondern schaut nach Amerika. Dort wird keine bedeutsame Rede, kein Programm und keine politische Deklaration veröffentlicht, ohne dass die Meister der Sprachwissenschaft das System der Metaphern (Frames) begutachtet, verändert und abgenommen haben. Alle namhaften US-Demokraten kennen und verehren George Lakoff, weil er ihnen nach Jahren konservativer Dominanz wieder eine eigene Sprache gegeben hat. Howard Dean, der einstige Präsidentschaftskandidat der Demokraten, sagt über den Linguistikprofessor der University of California: »Wenn einst die Geschichte des 20. Jahrhunderts geschrieben wird, taucht George Lakoff darin als einer der einflussreichsten politischen Denker seiner Zeit auf.«

Nicht mehr die Auseinandersetzung über alternative Zukunftsentwürfe, sondern »gaslighting«, das Inszenieren von Realität im passenden Licht der eigenen Absichten, wurde zum bedeutsamen Teil der politischen Arbeit. Dabei hat die Politik, womöglich ohne es zu merken, sich selbst verzwergt. Sie schrumpfte zur Pose, wurde zu einer Unterabteilung der Schauspielerei.

Der gute Schauspieler spielt seine Rolle nicht, sondern schlüpft in sie hinein.

Was für Hollywood gilt, sagt Bryant Welch, gilt nun auch in der Politik: »Der gute Schauspieler spielt seine Rolle nicht, sondern schlüpft in sie hinein.« So hat die Politik erst die Sprache verändert, bevor die Sprache die Politik verändert hat.

Die Generation der Heutigen mag sich an die tägliche Manipulation durch Sprache und die darin zum Ausdruck kommende Ambitionslosigkeit von Gegenwartspolitik gewöhnt haben. Erst im Rückblick wird der Verrat am Politischen deutlich, der begangen wurde und täglich weiter begangen wird.

Albert Camus, die Erfahrung zweier Weltkriege saß ihm im Nacken, warb nicht nur dafür, »die Sprache der Moral wieder in die Politik einzuführen«. Er glaubte auch, der Durchbruch in den Beziehungen zwischen Volk und Führung stehe mit dem Ende des Zweiten Weltkriegs unmittelbar bevor: »Die geschlossene Welt der Politiker ist aufgebrochen. Die Politik ist nicht mehr von den Menschen zu trennen«, schrieb er eine Woche nach der Befreiung von Paris.

Sein Optimismus wurde enttäuscht. Eine neue Zeit der Besetzung hatte begonnen.

DEMOKRATIE
Der kommende Aufstand der Bürger

D er Mensch im Zeitalter der Überforderung wäre nicht Mensch, sondern Schaf, würde er mit Achselzucken auf das Weltbeben reagieren. Eine Gegenwart, in der die Schwindelgefühle durch Digitalisierung und technologischen Fortschritt, Angst vor sozialem Abstieg und politischem Kontrollverlust auf eine allgemeine Führungslosigkeit treffen, ist keine, die auf seinen Zuspruch hoffen darf. Der Vorrat an Geduld auch der Geduldigsten geht zur Neige, viele Bürger der westlichen Welt haben aufgehört, sich ihrer diesbezüglichen Gefühle zu schämen.

Der kommende Aufstand wird einer sein, der den Westen mehr verändert als alle Wahlen der vergangenen Jahrzehnte. Im Zentrum dieser Veränderung stehen keine Partei oder Religion, kein Führer oder Guru, auch keine neue wissenschaftliche Erkenntnis, sondern ein selbstbewusstes Bürgertum, das den Umsturz jener Verhältnisse will, die als widrig empfunden werden. Es geht nicht mehr nur darum, Angela Merkel abzuwählen oder der SPD einen Denkzettel zu verpassen. Es geht darum, die bisherigen Eliten dauerhaft in ihrem Machtanspruch zu be-

Der kommende Aufstand wird einer sein, der den Westen mehr verändert als alle Wahlen der vergangenen Jahrzehnte.

grenzen und die Verfahren der Gewinnung und Ausübung von Macht grundsätzlich zu verändern. »Transparenz« und »Teilhabe«, »Kommunikation« und »Mitbestimmung« sind die Erkennungswörter dieser stillen Revolution. Es kommt zu dem, was die französische Philosophieprofessorin Catherine Colliot-Thélène die »Demokratisierung der Demokratie« nennt.

Die Völker überall im Westen sind nach den Jahrzehnten der repräsentativen Demokratie unruhig geworden; zunehmend unwillig ertragen sie die in ihrem Namen getroffenen Arrangements, wie wir das besonders am Beispiel der EU sehen können. Es kommt auf breiter Front zur Infragestellung bisheriger Verfahren und Autoritäten. Die Säkularisierung der repräsentativen Demokratie hat eingesetzt, was die Amtsinhaber und Würdenträger des heutigen Systems mit der gebotenen Fassungslosigkeit begleiten. Sie erleben die neue Aufmüpfigkeit als Respektlosigkeit gegenüber ihrem bisherigen Schaffen. Sie glaubten, mit der heutigen Form von Volksherrschaft sei das Ende der Demokratisierungsgeschichte erreicht, und plötzlich – zumindest für sie kommt es plötzlich – steht die Legitimation von Kanzlern, Ministern und Parlamentspräsidenten ebenso infrage wie die von Vorstandsvorsitzenden, IHK-Präsidenten, ARD-Intendanten und Chefredakteuren.

Die Demokratisierung der Demokratie hat begonnen.

Jahrzehntelang haben unsere Eliten versucht, sich mit Worten wie »Politikverdrossenheit«, »Wirtschaftsfeindlichkeit« und »Europaskepsis« über den revolutionären Kern des Vorgangs zu täuschen. Aber die Wähler haben nichts gegen »Politik«, sondern besitzen nur andere Vorstellungen von der Art des Zustandekommens von Politik. Ihre Statistenrolle verdrießt sie. Das In-sich-Geschäft der politischen Elite macht sie ärgerlich. Deren wohltemperierte Mutlosigkeit finden sie angesichts des Veränderungsbedarfs empörend.

Nun drängen die unruhig gewordenen Bürger vor in einen Raum, der bisher exklusiv von den Eliten bewohnt worden ist. Es geht nicht mehr allein um Sachfragen, es geht um Machtfragen. Es geht um die Demokratisierung von Politik, Technologie, Medienmacht und damit immer auch um die Demokratisierung von Lebenschancen. Die These des Immanuel Kant, wonach die Ablehnung von Bevormundung die Vorbedingung der Möglichkeit von Freiheit ist, wird vor unser aller Augen einem Praxistest unterzogen. Wenn denn in Zeiten des Weltbebens ein Lichtstrahl der Hoffnung fällt, dann fällt er auf dieses Bürgertum, das sich selbstbewusst und wehrhaft zeigt, das von der ihm zugedachten Statistenrolle in das Zentrum des Geschehens rückt. Der Motor der Veränderung speist sich aus Unzufriedenheit über die Gegenwart, aber diese Verdrossenheitsenergie, und darin besteht die neue Qualität, dreht diesmal nicht im Leerlauf der eigenen Befindlichkeit, sondern transformiert sich in Veränderungsenergie. Erzbischof Marx hat es mit Blick auf die Welle der Gewalt, die im Sommer durch Deutschland geschwappt ist, in der Münchner Frauenkirche so ausgedrückt: »Die Klage wird nicht zur Ohnmacht. Die Klage verwandelt sich in eine Haltung der Hoffnung und des konstruktiven Widerstandes.«

Schemenhaft erkennen wir in allen gesellschaftlichen Bereichen die Umrisse einer post-repräsentativen Demokratie. Aus dem Nebel der Gegenwartsdebatten steigt ein Bürgertum auf, das aufgehört hat, nur seine Krücken zu modernisieren.

Es geht nicht mehr allein um Sachfragen, es geht um Machtfragen.

Es kommt im Zeitalter der Überforderung zur Elitentransformation, wobei diesmal die Macht in Politik, Wirtschaft und Medien nicht von der alten auf eine neue Elite übergeht, sondern sich diese Macht selbst parzelliert, fragmentiert und damit auf breiter Front demokratisiert. Volk kommt erstmals nicht von Folgen.

Um diesem neuen revolutionären Subjekt näherzukommen, müssen wir nicht die Hinterzimmer einer Parteizentrale oder die Gettos unserer Vorstädte besuchen.

Volk kommt erstmals nicht von Folgen.

Wir müssen morgens nur die Tür zum Badezimmer aufstoßen und dort beherzt vor den Spiegel treten. Schon steht der Revolutionär modernen Typs mit verschlafenen Augen und verstruppeltem Haar vor uns. Der Fremde aus Albert Camus' gleichnamigem Roman kommt einem in den Sinn: »Und ich hatte das sonderbare Gefühl, von mir selbst angesehen zu werden.«

Was vor 500 Jahren mit den ersten gedanklichen Lossagungen von Kirche und Kaiser begann und wenige Hundert Jahre später zu den Revolutionen in Frankreich, Großbritannien und Amerika führte, setzt sich in den modernen Alltagswelten fort. Unsere Lehrer haben sich geirrt, als sie uns die »Aufklärung« als eine luftdicht abgeschlossene historische Epoche verkauften. In Wahrheit war das, was vor der Pariser Bastille, im Hafen von Boston und auf dem Hambacher Schloss begann, nicht ein abgeschlossenes Stück Weltgeschichte, das mit der Errichtung unseres parlamentarischen und Parteiensystems seine vermeintliche Vollendung erfuhr, sondern dessen Präludium.

Mit hohem Tempo und Vitalitätsgehalt jagen wir seither durch die Weltgeschichte; an dramatischen Höhepunkten herrscht kein Mangel. Der Mensch, mittlerweile zum Bürger geworden, will nicht glauben, sondern wissen, er will nicht nur mitreden, sondern auch mitentscheiden. Es sei die Natur des Menschen, feuert Kant ihn an, »Erkenntnisse zu erweitern, von Irrtümern zu reinigen und überhaupt in der Aufklärung weiterzuschreiten«. Genau das tut die heutige Bürgergesellschaft mit einer Leidenschaft, die ihresgleichen sucht; sie sprengt keine Ketten, sie legt sie ab; sie fordert nicht, sie nimmt; sie folgt nicht, sie führt, und sei es das eigene Leben. Der moderne Revolutionär muss den französischen Philosophen Charles-Pierre Baudelaire gar nicht kennen, um die zwei von ihm proklamierten Grundrechte mit unbekümmerter Selbstverständlichkeit in Anspruch zu nehmen – das Recht, sich selbst zu widersprechen; und das Recht, wegzugehen.

Der moderne Revolutionär sprengt keine Ketten, er legt sie ab.

Im Unterschied zu den Radaubrüdern vorheriger Jahrhunderte, die Barrikaden in Brand steckten und das Gewehr auf der Schulter trugen, ist der neue Aufständische friedlich. Banken werden nicht gestürmt, nur reguliert. Den Fabriken der Atomindustrie droht keine Sprengung, nur die Abschaltung. Die Dieseltechnologie hat man nicht verboten, nur unmöglich gemacht. Die Lebensmittelfabriken werden von kritischen Verbrauchern nicht angezündet, aber mit großer Ernsthaftigkeit ökologisch umerzogen. Die Würdenträger der Parteien fallen keiner Lynchjustiz anheim, sondern lediglich einer komatösen Gleichgültigkeit des Publikums. Die Revolte hasst nicht, sie ignoriert. Dafür braucht sie keine Pistole, zuweilen nur die Fernbedienung, die Tastatur eines Smartphones oder den Bogen, den sie um das nächstgelegene Wahllokal macht. Noch mal Camus: »Was ist ein Mensch in der Revolte? Ein Mensch, der Nein sagt.«

Wir finden den Revolutionär neuen Typs also nicht wie seinen Vorgänger auf der Barrikade, sondern im Büro oder – geduldig wie die Büchsensardine – im Hörsaal der Universität. Er brüllt keine Parolen, schreibt keine Manifeste, singt keine Revolutionslieder, er schlendert lieber, als dass er marschiert. Man trinkt Rotwein, kein Blut. Der Mensch übersteigert sich nicht mehr im anderen.

An Wirkungsmacht aber kann es diese stille mit den lautstarken Revolutionen der Weltgeschichte aufnehmen. Die neuen Bürgerrevolutionäre schleifen die Fürstentümer einer autoritären Firmenwelt, die Anmaßungen des Parteienstaates, die höfischen Rituale der Medienaristokratie, die Hoheitsgebiete einer archaisch geprägten Männerwelt, und auch jene Bevormundungsanstalten, die wir verharmlosend Schule nennen, werden sich der Welle der Veränderung nicht widersetzen können. All diese Institutionen sehen sich einer lautlosen Flutung ausgesetzt.

Überall registrieren wir erhöhte politische Leidenschaft, aber außerhalb jener Traditionsvereine zur Aufrechterhaltung von Stillstand, die sich »Volksparteien« nennen.

»Das göttliche Recht der Massen wird das göttliche Recht der Könige ersetzen«, hatte Gustave Le Bon bereits 1911 vorhergesagt. Und genau so ist es gekommen: Eine zeitgemäße Firma wird heute aus der Mitte geführt, nicht mehr von oben. Moderne Zeitungen, Sender und Nachrichtenportale berücksichtigen nicht nur ihre Leserinnen und Leser, sondern beteiligen sie. Überall im Westen registrieren wir erhöhte politische Leidenschaft, aber in der Regel außerhalb jener Traditionsvereine zur Aufrechterhaltung von Stillstand, die sich »Volksparteien« nennen.

In den politischen Beziehungen können wir die Verände-

rungen wie unterm Brennglas beobachten. Politik und Parteipolitik waren im 20. Jahrhundert zwei Worte für ein und den-
selben Sachverhalt. Die Ausübung von Herrschaft in Deutschland ging spätestens seit dem Ende des Ersten Weltkriegs von
parteipolitischen Vereinigungen aus. Es gab auch im westlichen Nachkriegsdeutschland bis zur Studentenrevolte des
Jahres 1968 kein politisches Leben außerhalb der Parteien.
Und selbst diese Erhebung des akademischen Nachwuchses
brachte noch keinen Bruch mit der alten Parteienlogik, endete doch der kurze Sommer der Anarchie mit dem Versprechen,
die Politik künftig wieder innerhalb des bestehenden Systems
zu betreiben. Die Türen der Kommune I wurden eingehängt,
die Bluse der Uschi Obermaier zugeknöpft, und der lange
Marsch durch die Institutionen begann. Nun war man nicht
mehr Revolutionär, sondern Sozialdemokrat oder Grüner. Der
Parteienstaat hatte sich in die nächste Runde gerettet.

Doch diese Heimholung außerparlamentarischer Leiden-
schaften hielt nicht lange. Der Hoffnungsvorrat darf heute
als verbraucht gelten. Die traditionellen Politiker der Gegenwart sind die Entzauberten
unserer Zeit. Wahrscheinlich bedarf es
gar keines Aufstandes mehr, um sie zu
entmachten. Man kann ihnen bei der
Entkräftung zuschauen. Wie sie im
Bundestag zetern und sich wechselseitig
der Lüge bezichtigen, als wenn es darauf
noch ankäme. Der Funktionärskörper wirkt

**Die letzten
Getreuen in den
Flachbauten der
Parteien bewachen
nicht mehr die
Glut der Vorfahren,
sondern deren
Asche.**

ermattet, er bekommt kaum mehr einen Fuß vor
den anderen; die letzten Getreuen in den Flachbauten der Parteien bewachen nicht mehr die Glut der Vorfahren, sondern
deren Asche.

Die Parteifunktionäre sind schon lange nicht mehr die Vorhut der Gesellschaft, sondern deren tragische letzte Kompanie, der man vergessen hat mitzuteilen, dass die Schlacht irgendwo zwischen Antragskommission und Programmparteitag verloren worden ist. Die Rituale sind verwelkt, die demokratische Leidenschaft verflogen, die Sinnesorgane vieler Mandatsträger haben sich unschön verformt, drei Münder, kein Ohr. So steht der Parteienstaat als Restante eines Jahrhunderts vor uns, in dem die Demokratie auf der Visitenkarte noch den Vornamen »die Repräsentative« trug.

Einen leidenschaftlichen Politiker, bei dessen Worten die Menschen das Radio lauter drehen, haben die Parteien schon lange nicht mehr hervorgebracht. Stattdessen betrat der politische Leichtmatrose die Bühne, der am Wahlsonntag mit weinerlicher Stimme den Machtverfall der Volksparteien beklagt, um danach für weitere vier Jahre in der Kulisse des Bundestags zu verschwinden. Sein Erkennungszeichen ist die grau gefärbte Ideenlosigkeit, sodass die Moderatorinnen der Talksendungen gar nicht erst auf die Idee kommen, bei ihm durchzuklingeln.

Die Unterschiede zwischen den großen Parteien sind heute ähnlich markant wie die zwischen Cola Light und Cola Zero.

Wahre Demokratie lebt nicht nur vom Miteinander, sie lebt in weit höherem Maße vom Gegeneinander der Akteure. Erst Reibung erzeugt Energie. Doch die Unterschiede zwischen den Abgeordneten der großen Parteien sind heute ähnlich markant wie die zwischen Cola Light und Cola Zero. Die meisten Abgeordneten wollen gar nicht gestalten, sondern über die Runden kommen. Sie bereiten nicht die nächste Reform zur Verbesserung des Lebens in Deutschland vor, sondern nur ihre Aufstellung für die

Landesliste, ihre Nominierung für den Rundfunkrat oder die Übernahme des Vorsitzes einer Kommission zur Bildung einer Kommission. Alles sieht nach Politik aus, aber oft geht es um nicht viel mehr als private Vorteilssicherung.

Nirgendwo in unserer Gesellschaft ist der Widerspruchsgeist geringer ausgeprägt als in der CDU. Unter dem Banner der behaupteten »Erneuerung der Union« hat Angela Merkel den Konservativen das Kantige ausgetrieben und eine Mitläuferorganisation gleichen Namens gegründet, die vor allem durch ihre Eunuchenhaftigkeit auffällt.

Die hier Versammelten haben gelernt, synchron mit der CDU-Vorsitzenden die Lippen zu bewegen. Widerspruch muss die Königin von ihren Höflingen nicht mehr fürchten. Wenn die Kanzlerin, wie in der Flüchtlingspolitik geschehen, das ihr anvertraute Land in die Irre führt; wenn sie mutwillig die Überlastung der Bürokratie provoziert, ungerührt das Aufflammen sozialer Verteilungskonflikte in Kauf nimmt und eine nationale Unsicherheitslage heranreifen lässt, die jeder Hobbyterrorist als Ermunterung zum Losschlagen verstehen muss, dann befällt die CDU-Abgeordneten im Bundestag das große Schweigen. Wer über ein intaktes Riechorgan verfügt, bekommt den Geruch des Opportunismus kaum mehr aus der Nase. Das Wort »Volksvertreter« ist zuweilen eine leicht durchschaubare Hochstapelei.

Das Wort »Volksvertreter« ist zuweilen eine leicht durchschaubare Hochstapelei.

In der SPD liegen die Dinge anders, aber ebenfalls schief. Aus der ehemaligen Schutzmacht der kleinen Leute ist die Fünfte Kolonne des Öffentlichen Dienstes geworden mit der Folge, dass in ihr Verwaltungsbeamte und Lehrer schnurren wie die Katzen. Für die berechtigen Interessen von Fabrik-

arbeitern, Bauern und kleinen Handwerkern hat die Sozialdemokratie noch immer ein Herz, aber keine Hand frei. Denn
die Partei ist vor allem mit sich beschäftigt. Unter Aufbringung
der letzten Energiereserven werden im Kreise der Genossin-
nen und Genossen Fallen gestellt und Schlingen gelegt. Wenn
es denn noch das eine, die Mitglieder verbindende Ziel gibt,
dann ist es nicht mehr der demokratische Sozialismus, sondern der Putsch gegen den gerade diensthabenden Vorsit-
zenden. Nahezu alle SPD-Vorsitzenden seit den Siebziger-
jahren – Brandt, Schröder, Müntefering, Beck und noch mal
Müntefering – wurden von den eigenen Leuten und nicht
vom politischen Gegner zu Fall gebracht.

Das breite Publikum findet das wenig appetitlich. Politi-
sche Leidenschaft mag so nicht aufkommen. Seit geraumer
Zeit denken die politisch Wachsamen nicht einmal im Traum
daran, sich diesen Volksparteien anzuschließen. Sie gründen
Neues – die Statt-Partei, den Demokratischen Aufbruch, die
Piraten, die Linkspartei, die Freien Bürger und zuletzt die
Alternative für Deutschland –, um nur ja den Verwesungsge-
ruch der etablierten Parteipolitik aus der Nase zu bekommen.
Die Politik bildet ein Ökosystem, das nach den Regeln der
Natur funktioniert; stirbt der alte Baum, sprießen woanders
neue Triebe. Nicht der Wald geht dahin, nur der
Baum. Wir erleben nicht das Ende von Politik,
sondern nur das Ableben ihrer als anachro-
nistisch empfundenen, im Kaiserreich ent-
standenen Organisationsform.

**Das Volk will sich
selbst spüren,
es erwacht aus
Apathie und
Anpassung.**

Der Bürger, der sich bisher vornehm im
Hintergrund aufhielt, hat die Lichtung betre-
ten; frei und selbstbewusst steht er da, dürstend nach neuen
Formen der Partizipation. Bahnhofsneubauten, Olympische

Spiele, Wegfall oder Verbleib des 13. Schuljahres und das Auf-
stellen neuer Stromtrassen sind mit ihm direkt zu besprechen.
Das Volk erzwingt Stadt für Stadt, Bauprojekt für Bauprojekt,
eine Mitbestimmungstiefe, die in der Verfasstheit der repräsentativen Demokratie so gar nicht vorgesehen war. Der Bürger, und daran erkennt man den systemischen Charakter der
Veränderung, verweigert alles Vorgedachte und Vorgesetzte
schon deshalb, weil es vorgedacht und vorgesetzt
wurde. Das Volk will sich selbst spüren, es
erwacht aus Apathie und Anpassung.

> **Der Bürger verweigert alles Vorgesetzte schon deshalb, weil es vorgesetzt wurde.**

Eine neue demokratische Identität entsteht, die all die Gründungsmythen von
Sozialdemokratie, christlichem Konserva-
tismus und politischem Liberalismus nicht in
Gänze verwirft, sondern aufgreift, zitiert und ver-
fremdet. Überall im Neuen findet sich der genetische Abdruck
des Alten. Die Bürgerrevolution kann man daher auch mit Fug
und Recht als die geduldigste Revolution der Weltgeschichte
bezeichnen. Sie beansprucht keine Ausschließlichkeit. Es kam
jedenfalls bisher nicht zum Bruch mit dem Bestehenden. Die
alten Eliten werden kritisiert, infrage gestellt, auch umgangen,
aber man jagt sie nicht vom Hof.

Das Volk entzieht dem Parteienstaat gleichwohl die Legitimation, indem es die Wahl- und Klatschvereine ignoriert,
verlässt oder innerhalb der Organisation das Leben einer
Karteileiche führt, wozu Parteienforscher mittlerweile zwei
Drittel aller eingeschriebenen Mitglieder zählen. Auch die
Wahlenthaltung am Tag des Urnengangs und das reflexartige
Wegschalten jener Fernsehsendungen, in denen der proto-
typische Parteipolitiker in den mitgebrachten Phrasenkoffer
greift, sind Akte des passiven Widerstands.

Die unterirdischen Energieströme des Politischen versiegen also nicht, wie Parteipolitiker gern behaupten, sondern sie verlagern sich vom Territorium der Parteien in die Siedlungsgebiete einer unruhig gewordenen Gesellschaft. Hier findet dann das Träumen von der besseren Welt wie auch das Leiden an der Wirklichkeit statt. Die alten Mächte streiten noch um den richtigen Umgang mit dem Neuen, um das Tolerieren, Ignorieren, Koalieren. Aber sie selbst sind nicht mehr der Nukleus der politischen Energie. Die Umtriebigkeit, die der Parteienstaat noch immer zu entfalten versteht, die Gipfeltreffen, Präsidiumssitzungen und Grundsatzbeschlüsse, das effektvolle Auf- und Abfahren der Limousinen können über das Mumienhafte der Verhältnisse nicht hinwegtäuschen. Die Parteizentralen sind, auch wenn die Bewohner günstiger über sich denken, zu Mausoleen der Vergangenheit geworden. Die politische Primärenergie entsteht woanders.

Das Volk misstraut den Parteien, aber die Parteien misstrauen auch dem Volk, weshalb sie sich Demokratie nicht als Machtausübung durch den Bürger, sondern nur als Machtausübung für den Bürger vorstellen können. Das »Volk als Ereignis«, von dem der französische Politikwissenschaftler Pierre Rosanvallon spricht, ist ihnen suspekt wie dem Adel im ausgehenden 19. Jahrhundert das Treiben der damals neu gegründeten Parteien. Man fürchtete damals wie heute das Deutliche und Eruptive, das Volkstümliche, um nicht zu sagen, das Populistische; man glaubte, die Gesellschaft müsse nicht ermächtigt, sondern im Gegenteil vor sich selbst geschützt werden. Erst die Führung durch die harte Hand einer gebildeten und verwaltungserfahrenen Elite könne den formlosen Massen Festigkeit und Richtung verleihen. Nur durch das Establishment hindurch könne das Volk sein Schicksal bestimmen. Die

Selbstregierung des Volkes durch das Volk sei unmöglich und, falls doch nicht, dann zumindest gefährlich.

So vertraut diese Widerstände, so wenig aussichtsreich sind sie. Die Geschichte der westlichen Gesellschaften ist eine Geschichte des Strebens nach Teilhabe, und kaum hat eine Gruppe der Gesellschaft ihre Rechtlosigkeit überwunden und für sich ein höheres Maß der Partizipation erreicht, zieht die nächste schon nach. So kletterten aus dem Heer der Untertanen einer nach dem anderen, wie auf einer großen Sprossenleiter, in Richtung des demokratischen Olymps. Die gebildeten Stände folgten dem Adel, so wie die einst unterprivilegierten Handwerker und Bauern dem Bürgertum, bis schließlich auch die Legionen der rechtlosen Fabrik- und Minenarbeiter das Wahlrecht für sich erkämpft hatten; die einst stimmrechtslosen Frauen folgten den Männern, die vom Wahlprozess zunächst ausgeschlossenen Schwarzen den Weißen, bis auch die Jugendlichen mit der Herabsetzung des Mindestalters an den demokratischen Prozeduren beteiligt wurden. In den ehemaligen überseeischen Ländereien von Briten, Franzosen und Niederländern zerbrach das nur scheinbar stählerne Band des Kolonialismus, und nach erfolgreichem Befreiungskrieg traten auch diese bis dahin rechtlosen Gesellschaften ihren Weg in die Unabhängigkeit an, der über mancherlei Umweg zur repräsentativen Demokratie führte. So hat die Demokratie seit den Revolutionen in Frankreich, England und den USA ihren Aktionsradius ausweiten können – zunächst geografisch und soziologisch –, um nun in den früh demokratisierten Ländern zum Kern des Kerns vorzustoßen, der bisher einer kleinen Gruppe von

Die Geschichte der westlichen Gesellschaften ist eine Geschichte des Strebens nach Teilhabe.

Berufspolitikern, Vorstandschefs und Mediengewaltigen vor-
behalten war.

Viele der Vorwürfe, die von den Eliten gegen das Volk vorgebracht werden, dienen vor allem der Verteidigung des Status
quo. Nahezu alle Anwürfe gegen das Volk, es sei wirtschaftsfeindlich, europafeindlich, fremdenfeindlich
und technikfeindlich, halten der Überprü-
fung nicht stand. Denn keineswegs steht
die Gesellschaft der Produktion von
Waren und Dienstleistungen feindselig
gegenüber, deren Erzeuger und Nutz-
nießer sie zeitgleich ist. Wohl aber wirft
sie bestimmten Teilen der Wirtschaftselite
soziale Unempfindlichkeit, ökologische Rück-
sichtslosigkeit und ein demokratisches Defizit vor. Die Bürger
haben ein ganzheitliches Verständnis von Wirtschaft entwickelt, das über die Gewinnerzielungsabsicht der einzelnen
Unternehmung hinausreicht.

Viele der Vorwürfe, die von den Eliten gegen das Volk vorgebracht werden, dienen vor allem der Verteidigung des Status quo.

Ganze Branchen, vornweg das Finanzgewerbe, aber auch
Teile der Pharma- und der Lebensmittelindustrie, sind nach
einer Vielzahl von Skandalen (siehe Kapitel 5) gegenüber der
Gesellschaft rechenschaftspflichtig. Die betriebswirtschaft-
lichen Erfolge haben sich zu häufig als gesellschaftliche Risiken entpuppt. Dennoch verhindert die Skepsis gegenüber den
Sünderindustrien keineswegs deren wirtschaftlichen Erfolg,
sondern treibt im Gegenteil deren Innovation voran. Die Autoindustrie musste – wir erinnern uns an die Debatten zu Kataly-
sator, Flottenverbrauch und Elektro-Mobilität – zum eigenen
Fortschreiten gezwungen werden. Auch Banken, Energiekonzerne, Pharma- und Chemieindustrie wurden durch eine Serie
von Skandalen erschüttert – Lehman-Pleite, Libor-Fälschung,

Contergan-Missbildungen und die Explosionen von Bhopal und Tschernobyl –, und erst der darauf folgende Druck von Verbrauchern und Nicht-Regierungsorganisationen leitete die Wende zum Besseren ein. Staatliche Rahmensetzung schuf schließlich einen Markt für nachhaltige Produktionsverfahren, risikoärmere Kraftwerke und eine Palette von Finanzprodukten, die nicht mit systemischer Regelmäßigkeit im Depot der Kunden detonieren.

Es ist also nicht der harte Kern von Politik und Wirtschaft, der infrage gestellt wird, sondern der Prozess, der zur Herstellung dieses Kerns führt. Der westliche Mensch hat, unter dem Eindruck der Überforderung der Eliten, begonnen, sich von seinen Vormündern zu emanzipieren.

Damit betritt »das Demokratische« einen ähnlichen Entwicklungspfad wie »das Soziale«, das als Armenspeisung und Almosen – also in der Freiwilligkeit – begonnen hatte, um von dort den Weg seiner Verrechtlichung einzuschlagen. Der heutige Wohlfahrtsstaat verteilt keine Almosen, sondern begründet Rechtsansprüche. Der Betroffene bittet und bettelt nicht, er muss nicht mal mehr fordern, er bekommt das, was ihm per Gesetz zusteht. Der Einzelne ist nicht mehr der Bedürftige, sondern der Beteiligte einer Sozialversicherung. In allen westlichen Industriestaaten wurden mittlerweile Umverteilungsmaschinen installiert, die sich Sozialversicherungen nennen und mit deren Hilfe es zu einer fein austarierten Neuverteilung von Wohlstand und Lebenschancen kommt.

So wie der Sozialstaat den Menschen vom Risiko der Verelendung befreit, so befreit der demokratische Staat seine Bürger vom Übel der Bevormundung, die auch dann eine Be-

> Der westliche Mensch hat begonnen, sich von seinen Vormündern zu emanzipieren.

So wie der Sozialstaat den Menschen vom Risiko der Verelendung befreit, so befreit der demokratische Staat seine Bürger vom Übel der Bevormundung.

vormundung bleibt, wenn sie durch wohlmeinende Verwaltungsbeamte und ihre parteipolitischen Prinzipale vorgenommen wird. Das Voranschreiten dieser Demokratiebewegung findet, wie erwähnt, außerhalb der gewohnten Strukturen statt. Derweil die Parteien an Mitglieder und Energie verloren, entwickelten sich die Nicht-Regierungsorganisationen zur neuen Heimstatt des Politischen. Es kommt zur Verrechtlichung von gesellschaftlichen Ansprüchen; Verbraucherrechte werden gestärkt, der Risikoappetit der Firmen gezügelt, Einspruchs- und Mitbestimmungsrechte ausgebaut; das private Eigentum wird, so wie vom Grundgesetz gewollt, gemeinpflichtig gemacht.

Diese innere Aufrichtung der Bürger bleibt selbst für das Verhältnis zu Kirche und Glauben nicht ohne Folge. Was mit Anbetung und Unterordnung begann, wurde zum spirituellen Accessoire herabgestuft. Die päpstlichen Enzykliken und die Episteln der Bischöfe besitzen heute eine ähnliche Verbindlichkeit wie jedes andere Werk der Belletristik. Sie dienen den Gläubigen zur Erbauung, zur Erheiterung, zur Belehrung, aber sie werden nicht mehr als Pflichtenbuch für das eigene Leben gelesen. Die Frömmler sind ohnehin im Aussterben begriffen, die allgemeine Gottesfurcht ist abgeschafft, die moderne Kirche muss ihren Mitgliedern dienlich sein, nicht umgekehrt. Und wenn ein Bischof, wie zuletzt im Bistum Limburg geschehen, dazu nicht in der Lage ist, dann hat er zu weichen. Die frühere Erbarmungslosigkeit des Klerus schlägt auf ihn zurück. Auf die Errichtung eines 30 Millionen Euro teuren Bischofssitzes mit Terrakottafußboden und Doppelbadewanne steht als Höchststrafe ein Leben in der Einöde des Klosters.

Selbst der Papst, der von sich behauptet, nur auf den außerweltlichen Vorgesetzten zu hören, hatte keine andere Wahl als die, dem Votum der Gläubigen zu folgen. Der Mann aus Lateinamerika weiß besser als seine Vorgänger, dass die Kirche eine Kirche von unten zu sein hat, oder sie verwirkt ihren Daseinszweck. Keine Missverständnisse: Die Kirche ist für ihre Mitglieder noch immer eine wichtige Instanz, aber eben nicht mehr die einzige und schon gar nicht die letzte. Je zügiger und radikaler sie sich selbst das Absolute und Unbedingte, dass Anmaßende und Autoritäre abgewöhnt, desto größer sind ihre Überlebenschancen. Die Kirche muss sich unter dem Druck der bürgerlichen Emanzipationsbewegung selbst säkularisieren.

Unternehmen und Industriezweige, die den veränderten gesellschaftlichen Machtverhältnissen die Anerkennung verweigern, sind in keiner besseren Position als Papst und Parteien. Geschäftsmodelle müssen heute der Gesellschaft zur Ratifizierung vorgelegt werden, nicht mehr nur dem Aufsichtsrat. Die Stromindustrie weiß, wovon hier die Rede ist. Ihre Akzeptanz war erloschen, noch bevor die gesetzlichen Laufzeiten der Kraftwerke sich den gesellschaftlichen Gegebenheiten anpassten. Die Bürger hatten ihre eigenen Betrachtungen zum Restrisiko angestellt, als im japanischen Kernkraftwerk Fukushima, Block 1, eine 15 Meter hohe Flutwelle den Reaktorkern zum Schmelzen brachte. Angela Merkel war nur noch die Notarin der Bürgergesellschaft, als sie der Atomwirtschaft in Deutschland das Lebenslicht ausblies.

Für das, was wir heute Energiewende nennen, also die Stilllegung und Demontage aller noch in Betrieb befindlichen deutschen Atomkraftwerke und ihr Ersatz durch umweltfreundlichere Wind-, Solar und Biogasanlagen, gab es keinerlei parlamentarischen oder administrativen Vorlauf, wohl aber einen gesellschaftlichen. Der schließlich gefasste Regierungsbeschluss zur Veränderung der Energiebasis im größten Industrieland Europas entsprang der Mitte der Gesellschaft und fand, katalysiert durch eine Naturkatastrophe, seinen Weg in die Wirklichkeit ohne den Umweg der repräsentativen Demokratie. Erst nachdem die Entscheidung gefallen war, wurde das Parlament befasst. Angela Merkel rettete ihre bis dahin kraftlos verlaufene Kanzlerschaft dadurch, dass sie – erstmals in ihrer Zeit als Regierungschefin – ein Machtwort sprach, wobei das Besondere war, dass die Quelle der Macht weder dem Wort noch der Partei oder dem Parlament entsprang, sondern dem Volk. Das erlebte im Angesicht von Kernschmelze, Evakuierung und japanischer Hilflosigkeit, wie seine Befürchtungen wahr wurden. Der schwarze Schwan, das Symbol allen Unheils, war gelandet, und es schien vielen Bürgern nur eine Frage der Zeit zu sein, bis er von Japan nach Biblis oder Krümmel weiterfliegt. Die Physikerin Merkel, bis dahin Atomkraftfreundin der innigen Sorte, wurde zur Komplizin der Revolte.

Die Physikerin Merkel, bis dahin Atomkraftfreundin der innigen Sorte, wurde zur Komplizin der Revolte.

Wir beobachten im Geldgewerbe eine ähnliche Erhebung durch die Bürgergesellschaft, deren kaum verhüllte Absicht die Liquidation des bisherigen Geschäftsmodells der privaten Großbanken ist. Das Fukushima der Finanzwelt heißt Lehman Brothers. Mit Rücksicht auf die Gefühle der beteiligten Manager spricht man zwar seither von »Regulierung«, aber das dient eher der Camouflage. Das Wort »Vergesellschaftung« wäre ehrlicher, würde allerdings die Finanzbranche derart verunsichern, dass der Geldkreislauf ins Stocken geriete. Aber wer sich die Sensibilität für das Wahrnehmen gesellschaftlicher Veränderungen bewahrt hat, der sieht, wie hinter jedem Banker die Gardisten der Bürgerrevolution stehen – notdürftig verkleidet als Staatsanwälte, Mitarbeiter einer Aufsichtsbehörde oder eines parlamentarischen Untersuchungsausschusses. Allein die Deutsche Bank hat derzeit mehr als 8000 Rechtsstreitigkeiten zu bewältigen, für die laut Geschäftsbericht des Jahres 2015 rund 5,4 Milliarden Euro zurückgestellt wurden.

Zuweilen bricht sich dann doch die revolutionäre Ungeduld Bahn, wie an jenem Tag, als bewaffnete Einsatzkräfte das Foyer der Deutschen Bank besetzten. Sie suchten und fanden Unterlagen, beschlagnahmten auf der Vorstandsetage schließlich mehrere Kisten vertraulicher Dokumente. Oberhalb der Banktürme kreiste der Polizeihubschrauber, als ob der Vorstand überhaupt noch die Wahl hätte, über das Dach seinem Schicksal zu entkommen.

Nahezu alle Spitzenmanager der enthemmten Jahre mussten mittlerweile die Banken in Frankfurt und London verlassen. Im Grunde erlebt der Finanzsektor in Europa eine Säuberungswelle, wie sie sonst nur nach Kriegen und Volksaufständen üblich ist.

Die einzige Möglichkeit, den Umstürzlern zu entgehen, ist, sich ihnen anzuschließen, weshalb vor langer Zeit abgelegte Tugenden wie Fairness und Kundenwohl reanimiert wurden; plötzlich ist im großen Stil von »Kulturwandel« die Rede. Das Wort ist die weiße Fahne, mit der die Banker dem Bürger winken. Sie wollen die Hand, die sie nicht abhacken können, schütteln.

Hinter der Fassade der alten Normalität werden so die Spielregeln neu geschrieben, nicht immer freiwillig. Die Banker müssen ihr Kreditbuch schrumpfen und ihre Risiken am Kapitalmarkt reduzieren. Der Kunde darf bei den Kredit- und Dispozinsen nicht mehr übervorteilt werden, die Geldhäuser müssen Risiken und Provisionen offenlegen, und weil sie das in der Vergangenheit nicht immer taten, darf der Inhaber selbst des kleinsten Sparbuchs rückwirkend bis in das Jahr 2004 seine Bank verklagen. Die Experten rechnen mit Milliardensummen, die vom Geldhaus zum Kunden zurücküberwiesen werden müssen. Auch das ist neu: Erstmals fließt das Geld von oben nach unten. Das ist eine in der Physik des Kreditgewerbes noch nie da gewesene Umkehrung der Geldströme.

Die neuzeitliche Revolution ist klüger als alle Revolutionen davor. Die Banken werden weder verstaatlicht noch liquidiert, nur umerzogen.

Die neuzeitliche Revolution, das lernen wir an diesem Beispiel, ist klüger als alle Revolutionen davor. Die Banken werden weder verstaatlicht noch liquidiert, nur umerzogen. Alles sieht nach Privatwirtschaft aus, aber in Wahrheit hat das Bürgertum das Sagen. Was die elektronische Fußfessel für den gewöhnlichen Straftäter, sind die neuen Bankengesetze für die Vorstände des Finanzgewerbes. Für sie gilt die Schuldvermutung, ohne dass sich einer der Rechtsgelehrten darüber empören würde. Jeder streunende Hund genießt heute mehr Mitgefühl als die Vorstände der Deutschen Bank.

Eine Konterrevolution hat nur geringe Chancen durchzukommen. Für sie ist das Leben, wie der portugiesische Nationaldichter Fernando Pessoa schreibt, nur noch eine Herberge, in der man verweilt, bis die Postkutsche des Abgrunds eintrifft. Mittlerweile hat sich die Postkutsche in Bewegung gesetzt. Schemenhaft erkennen wir durch die schwarze Gardine ihre Insassen. Einige sehen aus wie die Konzernchefs der

Atomindustrie, andere sind am feinen Tuch unschwer als Investmentbanker zu erkennen. Mittendrin erblicken wir die Generalsekretäre der Parteien, die im Zustand fortgesetzter Verwirrung einander wüst beschimpfen.

Jeder streunende Hund genießt heute mehr Mitgefühl als die Vorstände der Deutschen Bank.

Europaweit ist es zu Neugründungen von Parteien gekommen, die von den Inhabern der tradierten Macht und ihren medialen Sekundanten hastig etikettiert werden – als »linksradikal« oder »rechtsradikal«, und, wenn nichts davon passt, eben als »populistisch«. Dabei entzieht sich der neue Politikertypus genau jener Klassifizierung. Marine Le Pen in Frankreich, Donald Trump in den USA und Boris Johnson in London bieten ihren Anhängern eine neue Abmischung linker und rechter Positionen, die sich im Stundenrhythmus in der Zusammensetzung verändern kann. Sie streiten für die Nation und gegen die sozialen Folgen der Globalisierung, sie fordern Recht und Ordnung und ziehen gegen die Profitorientierung der Unternehmen zu Felde. Ihnen fehlt aber die Nähe zur Wirtschaft, die den klassischen Rechten auszeichnet. Trump stößt im Establishment der Republikaner auch deshalb auf Ablehnung, weil er deren Kanon von Staatsferne und Gottesverehrung, Freihandel und Steuererleichterungen nicht übernommen hat.

Wie die Traditionslinken bieten diese neuen Populisten dem kleinen Mann verbalen Schutz vor Deregulierung, Flexibilisierung und Globalisierung. Steuererleichterung für das untere Drittel und Ausfälle gegen den Finanzkapitalismus gehören zum Repertoire. Allerdings: Das Bekenntnis zur internationalen Solidarität, das die Traditionslinke als ihren Markenkern betrachtet, verweigern sie.

Hybride Formen des Politikertypus entstehen, wenn wir an den Gründer der Alternative für Deutschland denken. Der Hochschulprofessor Bernd Lucke war detailversessen, kompliziert und anspruchsvoll. Er war populär, aber populistisch war er eben nicht. Der als amerikanischer Linkspopulist geschmähte Bernie Sanders ist wahrscheinlich der von allen Politikern am wenigsten populistische, weil er die soziale Wirklichkeit der USA mit einer wissenschaftlichen Genauigkeit beschreibt wie kein anderer zeitgenössischer Politiker. Man könnte auch sagen, in seiner Analyse ist Sanders nicht links oder rechts, sondern wahrhaftig.

Den gemeinsamen Nenner dieser Bewegungen und Parteien bildet ihre Ablehnung des bisherigen Establishments. So gesehen ist dieser Populismus die Reaktion auf die Überforderung, die Gleichförmigkeit, das Storytelling und Pussyfooting, kurz, die Unbeliebtheit der anderen. Sie sind auch entstanden, weil die Eliten nicht bereit waren, das Nichtwählen vieler als politisches Signal ernst zu nehmen. So sind die Populisten in eine Angebotslücke gestoßen, die sich in den vergangenen Dekaden stetig geweitet hat. Aus der Lücke ist längst ein Loch geworden, in das die Traditionspolitiker einer nach dem anderen hineinplumpsen.

Vielleicht ist der bedeutsamste Unterschied zu den etablierten Parteien der: Die Populisten betrachten die Wähler nicht als Kunden ihrer Programmatik, sondern als Auftraggeber und Chefdesigner. Ihr Wille geschehe. Geliefert wird, was ankommt. Der Populist muss sich mit keinem Zirkel von Parteifunktionären oder Interessenverbänden abstimmen, sondern nur ausgiebig in den Klangkörper des Volkes hineinhören. Er ist keiner Historie verpflichtet, muss keiner Tradition die Ehre erweisen. Er lebt im Hier und Jetzt.

Das Volk ist dabei, sich so seinen Politiker in einem kollektiven Schöpfungsakt selbst zu erschaffen. Alles ist noch frisch und fluid, was auch bedeutet: vergänglich und widersprüchlich. Wir erleben eine vorwärtsdrängende politische Energie, die sich all jener Führungsfiguren bemächtigt, die nicht dem Königreich des Bisherigen angehören. Die Trumps, Sanders und Le Pens, die Wilders und Tzipras, Petrys, Blochers und Hofers sind demnach nicht die Drahtzieher des Aufstandes, sondern dessen Marionetten. Sobald sich effektivere Führer anbieten, wird ausgetauscht. Trump gegen Sarah Palin, Petry gegen Lucke, Tzipras gegen Varoufakis, Johnson gegen Farage, Wagenknecht gegen das Heer der namenlosen Linken. Dieser Populismus ist keine neue politische Strömung, sondern nur der sichtbarste Teil einer gesellschaftlichen Suchbewegung.

Dieser Populismus ist keine neue politische Strömung, sondern nur der sichtbarste Teil einer gesellschaftlichen Suchbewegung.

Die alten Mächte unterschätzen die Wucht des Umbruchs vor allem deshalb, weil der sich ihren Kategorien von Macht entzieht. Das für sie Bedrohliche der Revolte liegt gerade darin, dass sie nicht droht. Wenn Banken, Energiekonzerne, Lebensmittelriesen oder Medien die Türen ihrer Zentralen öffnen, um nach dem Gegner Ausschau zu halten, werden sie nicht fündig. Die Revolte hat keinen Namen, nur viele Gesichter, sie besitzt ein gesellschaftliches Hinterland, aber keine Adresse. Es gibt so viele, aber nicht den einen, den man mit Aussicht auf Verhaltensänderung einschüchtern, abhören, einkerkern, umschmeicheln oder bestechen könnte.

Wir erleben eine Revolution ohne Revolutionäre, einen Umbruch ohne Bruch, der sich mit schöner Selbstverständlichkeit tarnt. Die Revolution ist machtvoll auch deshalb, weil sie kein Machtzentrum unterhält. Sie bevölkert die fluiden Zwischenräume einer Welt, die zwischen real und virtuell alle Schlagbäume niedergerissen hat. Wer ihr nachstellt, wird immer nur sich selbst auf dem falschen Fuß erwischen.

Das Jahrhundert von Standesdünkel und organisiertem Besserwissertum geht zu Ende.

Die Medien sind davon nicht ausgenommen. Das Jahrhundert von Standesdünkel und organisiertem Besserwissertum geht zu Ende. Eine moderne Zeitung hat den gleichen Transparenzregeln zu genügen wie die Hersteller von Fleischkonserven und Arzneimitteln. Man will schließlich wissen, woher die Ware stammt, auch die Ware Information. Was sind ihre ideologisch eingefärbten Zusatzstoffe? Wie haltbar sind die gemachten Behauptungen?

Längst hat die Revolution die Geheimräte in den Redaktionen durchschaut. Sie weiß: Die Methoden der publizistischen Telepathie – einer erfühlt, was der andere nicht denkt – erzeugen jenes Einheitsmaß der Inhalte, das selbst dem flüchtigen Leser wie eine innere Gleichschaltung erscheinen muss.

Dieses Gleichmaß – und hier erfährt die Problematik ihre fatale Verschärfung – bildet den Gegenpol zu einer Gesellschaft, die sich in einem Prozess der Selbstbefreiung befindet, verharmlosend auch als »Individualisierung«, »Differenzierung« oder »Atomisierung« beschrieben. In der wirklichen Wirklichkeit erleben wir eine Explosion der Lebensstile, der Denk- und Fühlweisen, derweil der Journalismus uns vielerorts noch immer als publizistischer Großgrundbesitzer gegenübertritt. Die Vielfalt der Möglichkeiten findet in ihm keine Entsprechung.

Die Medien betreiben zuweilen Desinformation durch Information – und das Neue ist, es wird nicht länger goutiert,

wenn sie mit exzessiver Detailfreudigkeit Banalitäten und Bei-
läufigkeiten vor dem Publikum ausbreiten, bis auch die letzten Petitessen – die privat genutzte Bundestagsbahnfahrkarte
des Kanzlerkandidaten, das Bobbycar des Präsidentenpaares,
eine Thekenplauderei des FDP-Fraktionsvorsitzenden – zur
Staatsaffäre aufsteigen, um binnen kürzester Zeit im medialen
Nichts zu verglühen. Die Erregungsschübe, die man dem Publikum auf diese Art zumutet, enden in aller Regel mit einem
Kaufkater.

Das Meutehafte des Auftretens und die Wiederholung des
bereits Wiederholten wirken wirklichkeitsverändernd. Nicht
selten werden die Überbringer der Botschaft zu ihrem Erzeuger. Plötzlich sieht das Feriendomizil des Carsten Maschmeyer
aus wie das Watergate Hotel in Washington. Und weil
gerade kein Bösewicht vom Schlage eines Richard
Nixon zur Stelle ist, muß Christian Wulff an seiner Stelle zurücktreten. So hat die Mücke als Elefant ihren Auftritt.

**Die Mücke hat
als Elefant
ihren Auftritt.**

Wer erkenntniswillig ist, erkennt, dass das Verhältnis der Medien zu ihren Lesern, Hörern und Zuschauern
gespannt ist. Einer der Gründe: Die Journalisten sind ganz die
alten geblieben. Die Leser nicht. Es findet täglich ein lautloser
Aufstand der Mündigen, der Selbstbewussten, der Aufgeklärten statt, die den medialen Frontalunterricht – die Redaktion
belehrt, der Leser lauscht andächtig – als unzeitgemäß und
auch als undemokratisch empfinden.

Nicht wenige Journalisten haben sich mit der Politik ge-
mein gemacht. Sie pilgern zu den Flachbauten der Parteipolitik, als handele es sich um Kathedralen. Man sieht sich
in einer Bedeutungskoalition mit den Parteigrößen. Deren
Niedergang wird als der eigene erlebt – und deshalb weich-

gezeichnet. Es kam zu einer Synchronisierung der Interessen. »Jeder Bundeskanzler besitzt in der Bundespressekonferenz eine absolute Mehrheit«, hat der langjährige *Spiegel*-Reporter Jürgen Leinemann den Opportunismusverdacht zusammengefasst.

Es findet täglich ein lautloser Aufstand der Mündigen statt, die den medialen Frontalunterricht als unzeitgemäß und auch als undemokratisch empfinden.

Zuweilen bildet sich eine Große Koalition zwischen Verlagen, Sendern und Regierung, die sich zum Beispiel darin ausdrückt, dass man alle vier Jahre den Lesern ins Gewissen redet, nur ja wählen zu gehen. Nichtwählen sei kein zulässiger politischer Akt, wird dann gesagt. Erfolgversprechend ist dieser Versuch der Mobilisierung für das Traditionsaufgebot der Parteien schon deshalb nicht, weil der Leser hier nun wirklich mitreden kann. Er kennt schließlich seine Motive. Der Nicht-Wähler und der Noch-Wähler sind nahe Verwandte. Sie wollen nicht mit wichtigtuerischer Chefredakteursmiene (Demokratie in Gefahr!) vor sich selbst gewarnt werden. Sie wollen einen Journalismus, der den Unterschied zwischen Partei und Politik versteht, der mit ihnen für demokratische Erneuerung streitet, der die Herolde der Parteipolitik in die Schranken weist und sie nicht allmorgendlich nur aus Routine auf die Titelseite wuchtet. Womöglich sind abnehmende Wahlbeteiligung und die mancherorts schrumpfende Leserschaft sogar zwei Phänomene, die zusammengedacht werden müssen.

Die Medien sind nicht ausreichend transparent. Der Herstellungsprozess von Fischstäbchen und Gummibärchen ist – dank strenger Lebensmittelgesetze – mittlerweile deutlich durchsichtiger als die Entstehung journalistischer Produkte.

Von jeder Garnele kennen wir Eiweißge-
halt, Aufzuchtbedingungen und Halt-
barkeit. Von der Ware Information
oft nicht mal den Herkunftsort.

**Der Herstellungs-
prozess von
Fischstäbchen und
Gummibärchen ist
deutlich transparenter
als die Entstehung
journalistischer
Produkte.**

Das Wort »interaktiv« wird von
vielen Journalisten mit »lästig«
übersetzt. Zeitungen sind eben nicht
überall Wirtshäuser der Begegnung,
sondern oft nur Orte der Verkündung. Hier
treten uns Chefredakteure und Herausgeber als Erleuchtete
entgegen. Der oft ideenreiche und nicht selten sprachgewitzte
Leser fristet – wie im ersten Jahr des Zeitungsdrucks – sein
Dasein im Gefängnis der Leserbriefspalten. Die Regierung
kann man abwählen, in den Betrieben regieren die Betriebs-
räte mit, in den Familien wurde der patriarchalische Status
des »Familienoberhaupts« hinweggefegt, nur in den Presse-
organen herrscht der reinste Feudalismus. »Hier endet die
Demokratie« – diesen Satz hatte Karl Marx in seiner Zeit als
Chefredakteur der *Rheinischen Zeitung* an seine Tür geheftet.
Dort hängt er noch immer.

Nun hat der Aufstand der Bürger, den wir überall im Westen erleben, zwar eine Richtung, aber kein Ziel. Doch was
ihm fehlt, adelt ihn. Er spricht nicht mit feuchter Aussprache,
fuchtelt nicht mit dem zur Waffe erhobenen Zeigefinger. Ging
der Traditionsrevolutionär noch gut erkennbar mit Trompete
und Hackebeil zur Arbeit, pflegt der moderne Aufständische
eine verschämte Diskretion. Seine Augen sind wach, aber sie
flackern nicht. Im Innern seines Schädels brennt kein Feuer
ewiger Wahrheiten.

Der Aufständische alter Schule war ein fiebriger Geselle,
der den Revolutionsbegriff in Blut getränkt hat. Das Gegen-

wärtige verachtete er mit ähnlich heißem Herzen, wie er das Kommende vergötterte; und wenn ihn die revolutionäre Ungeduld packte, wurden ohne Vorwarnung die Streichhölzer ausgepackt. Revolution! – von Lenin mit dem »Abbrechen der Allmählichkeit« übersetzt – war noch zu allen Zeiten der Blitz, der in die Verhältnisse einschlug.

Nun hat der Aufstand der Bürger, den wir überall im Westen erleben, zwar eine Richtung, aber kein Ziel. Doch was ihm fehlt, adelt ihn.

Einmal in Fahrt, verfiel die Revolte einer unkontrollierten Brutalität. Ihre Geschichte ist vor allem anderen eine Gewaltgeschichte. Das Ökosystem der Aufständischen lebte von der eigenen Ruchlosigkeit und dem Blut der anderen. Der Mensch und die ihn umgebende Gesellschaft sanken zum Versuchsobjekt herab, derweil die Revoluzzer sich als neue Cäsaren feiern ließen. Über die Pariser Bastille bis zu den Killing Fields in Kambodscha, vom russischen Zarenpalast bis zum Partisanenzelt des libyschen Revolutionsführers Muammar Mohammed al-Gaddafi können wir den selbstgekrönten Kaisern durch die Jahrhunderte folgen, immer der Blutspur hinterher.

Besäße die Revolution alter Schule ein Logo, wozu moderne Marketingexperten sicher raten würden, böte sich eine Stange Dynamit an. Denn die Kraft der bisherigen Revolution lag in der Kraft der Zerstörung. Das Neue, das sie hervorbrachte, stand auf den Trümmern des Bisherigen. Ihr Programm hieß Tabula rasa.

Was mit Gewalt gewonnen, musste bald schon mit Gewalt verteidigt werden. Robespierres »aufgeklärte Revolutionsgarde«, Lenins »neuer Mensch«, Che Guevaras »leuchtend schöner Menschentyp« entpuppten sich bei näherem Kennenlernen als frivole Folterknechte, die es vor allem in der

Unterdrückung von Mitgefühl zur Meisterschaft gebracht hatten. Robespierre ließ Danton töten und wurde später selbst guillotiniert. Lenin ließ die Menschewiki einsperren, Stalin ließ Trotzki ermorden. Die französischen Jakobiner ordneten noch im selben Monat, da die Republik ausgerufen wurde, die »Septembermorde« an. Die Räterepublik der Sowjetunion eröffnete mit einer »Blutwoche«, der binnen sieben Tagen Zehntausende regimekritische Menschen zum Opfer fielen.

Diese blutrünstigen Bannerträger der Revolutionen wurden abgelöst durch einen neuen, menschenfreundlichen Typus, den wir auch dann einen Revolutionär nennen dürfen, wenn ihm alle Zutaten fehlen, die wir eben noch für das unverkennbare Wesensmerkmal aller Revolutionen hielten. Das Blut bleibt in den Adern, so wie die Streichhölzer in der Verpackung. Niemand schreit, niemand stirbt, keine Barrikade brennt. Es handelt sich um eine Revolution neuen Typs, die erste »révolution en permanence«, die diesen Namen wirklich verdient.

Die moderne Revolte hasst nicht, ihre Form der Auflehnung gegenüber den Verhältnissen ist eine fröhliche Gleichgültigkeit gegenüber jenen Mächten, die das Leben verdunkeln. Diese Revolution ist eine philosophische zu nennen, weil sie keinen kollektivistischen Traum, keine gesellschaftliche Utopie, keinen bunt kostümierten Wahnsinn ins Zentrum ihres Wirkens stellt. Erstmals sind das revolutionäre Subjekt und das revolutionäre Objekt miteinander verschmolzen. Das »Ich« will das »Wir« nicht dominieren, auch weil das Individuum selbst nicht von anderen bevormundet werden möchte.

Die moderne Revolte hasst nicht.

Der Glaube an das Unfehlbare und Absolute ist ihm nach den Rasereien des vorherigen Jahrhunderts, als Faschismus und Kommunismus schnurgerade zum Bestialismus führten, abhanden gekommen. Er spricht mit leiser Stimme, auch weil der heisere Propagandist, der aus dem Getöse des vorherigen Jahrhunderts zu uns herüber hallt, Teil einer kollektiven Schmerzerfahrung ist.

Die neuen Revolutionäre sind deshalb keine besseren Menschen, sie fühlen sich zumindest nicht so. Sie reagieren auf das Zeitalter der Überforderung nicht mit Selbstüberforderung, sondern mit der Sehnsucht nach Maß und Mitte. Gerade das ist ja das Revolutionäre an ihnen. Sie sind strukturell bescheiden, weil sie auch von niemand anderem erwarten, dass er ihr Leben nachlebt. Nicht einmal von sich selbst verlangen sie Prinzipienfestigkeit, weil die Prinzipien dem Menschen zu folgen haben und nicht umgekehrt.

Die neuen Revolutionäre reagieren auf das Zeitalter der Überforderung nicht mit Selbstüberforderung, sondern mit der Sehnsucht nach Maß und Mitte.

Vielleicht ist der neue Mensch der menschlichste Mensch, den je eine Revolution hervorgebracht hat, weil er um seine Fehler- und Flatterhaftigkeit weiß, weil ihm das Strenge und Unbedingte fehlt. Er weiß, dass in ihm beides stecken kann – Talent und Tor, Rede und Gegenrede, Genie und Idiotie. Und falls ihm diese Erkenntnis einmal abhanden gerät, muss er ja nur in den Spiegel schauen.

Die noch herrschenden Mächte in Staat, Wirtschaft und Medienwelt täten gut daran, dem Bürger nicht länger zu misstrauen. Auf den Strategien ausgrenzender Ignoranz und vorsätzlicher Gesprächsverweigerung ruht kein Segen, auch wenn noch lange unklar bleiben wird, wohin diese stille Revolution uns führen wird. Wer keine Fragen hat, ist selbst schuld.

Die Mängel des gegenwärtigen Systems sind erkannt. Wir haben sie in den vorherigen Kapiteln dieses Buches bespro-

chen. Doch wie sieht eine Alternative aus, die nicht
zur Unregierbarkeit von Staaten und zur Unführ-
barkeit von Firmen führt?

Wer keine Fragen hat, ist selbst Schuld.

Der Anspruch auf Transparenz und Teilhabe
ist gestellt. Aber lässt er sich in der erforderli-
chen Qualität und dem gebotenen Tempo erfüllen?

Die Anmaßungen der westlichen Elite werden
durchschaut und zurückgewiesen. Aber bringt die Selbstregierung des Volkes durch das Volk auch jene Resultate hervor,
die dem Wohlstand und dem Sicherheitsbedürfnis unserer
Gesellschaft zuträglich sind?

Dass die alten Institutionen verrostet sind, ist unverkennbar, jedermann hört, wie sie unter der Last der Überforderung
durch Globalisierung und Digitalisierung ächzen und quiet-
schen. Aber sind bereits neue Regelkreisläufe in Sicht, die
dafür sorgen, dass Mehrheitsentscheidungen nicht zur Diktatur über die Minderheiten entarten?

Und letztlich: Kann die Demokratisierung der Demokratie gelingen, wenn ringsum autoritäre Systeme und religiöse
Fanatiker das Sagen haben? Ist die neue Bürgergesellschaft
nicht nur im Innern demokratisch und fortschrittlich, sondern auch im Äußeren wehrhaft?

Die Fragen sind aufgeworfen. Die nächsten Jahre werden
uns Teilantworten liefern, womöglich auch solche der unbequemen Art. Doch wer glaubt, in Erwartung von Schwierigkei-
ten sich dem Reformprozess verweigern zu können, bereitet
den Schaden vor, den er vorgibt, verhindern zu wollen. Und der
größtmögliche Schadensfall wäre der einer Bürgerrevolution,
die sich radikalisiert. Die von still auf laut, von sanft auf roh,
von menschlich auf unmenschlich umschaltet. Die ihre Kinder frisst und dort endet, wo Lenin, Robespierre und Ulrike

Meinhof auch geendet sind – in den Blutlachen ihrer Mitmenschen, die alle einst geträumten Träume ertränkten. Es kam zur Verhärtung auf beiden Seiten, bis schließlich alle vor dem großen Tor standen mit der Aufschrift: Gewalt. Kompromiss war plötzlich nur noch ein anderes Wort für Verrat. Der Terror funktionierte im Kalkül der verrohten Revolutionäre als Abkürzung auf dem Weg ins Paradies. Das Hässliche wurde zur Vorbedingung für das Schöne. Oder ökonomisch ausgedrückt: Die Unmenschlichkeit war eine Anfangsinvestition, naturgemäß schuldenfinanziert, die sich erst später in der neuen Währung des revolutionären Humanismus verzinsen sollte.

Die Welt wird weiter beben. Das Schlusskapitel im Zeitalter der Überforderung ist noch nicht geschrieben. Die Entscheidung fällt auf beiden Seiten der Barrikade, die **Nur wer die eigene Überforderung begreift, kann sie überwinden.** heute noch Volk und Volksvertreter, die Wirtschaftselite und die stehenden Heere der Verunsicherten und Ausgesteuerten voneinander trennt. Das Gebot der Stunde heißt deshalb Dialog, auch Streit, nicht Zurückweisung oder Ausgrenzung. Es geht um das Verwandeln von Angst in Hoffnung, von Verunsicherung in Zuversicht. Nur wer die eigene Überforderung begreift, kann sie überwinden.

Die weitere Demokratisierung unserer Demokratie ist als Antwort auf das große Weltbeben der geschichtsmächtige Prozess unserer Zeit, über dessen Kraft und Wucht sich niemand täuschen sollte. Die Umformung der Gesellschaft geschieht, auch wenn sie keinem von höherer Stelle festgelegten Formatierungsplan folgt. Die Gesellschaft bewegt sich, aber ungeführt. Der »Strom der Revolution«, von Hannah Arendt noch als Naturspektakel beschrieben, schiebt sich wie ein

Lavastrom durch unsere Dörfer und Städte, nur dass er nicht wie seine Vorgänger von Eruptionen begleitet auf die Oberfläche geschossen kommt, sondern sich das Magma der Veränderung diesmal aus unzähligen Erdspalten seinen Weg bahnt.

Wir stehen nicht am Ende unserer Demokratie, wir fangen erst richtig an.

Das Erwachsenwerden des Menschen ist ein Vorgang von unerhörter Kraft und – wenn alles gelingt – von betörender Schönheit. Die Verzagten sollten die Verzagtheit, die Ängstlichen die Angst, die Pessimisten ihren Pessimismus überwinden und gemeinsam mit weit geöffneten Armen der Zukunft, also sich selbst, entgegenlaufen. Oder wie sich Willy Brandt in seiner ersten Regierungserklärung 1969 ausdrückte: »Wir stehen nicht am Ende unserer Demokratie, wir fangen erst richtig an.«

Danksagung

Das von allen Worten fragwürdigste ist das Wort »Selfmademan«. Niemand wird von sich selbst gemacht. Die uns umgebende Gesellschaft erzieht, widerspricht, inspiriert und bereichert jeden von uns. Deshalb hat am Ende dieses Buches auch der aufrichtige Dank an alle zu stehen, die bei seiner Erarbeitung behilflich waren. An erster Stelle möchte ich meinem langjährigen Buchverleger Wolfgang Ferchl danken, dessen Ideenreichtum und Vorwärtsdrang von unschätzbarem Wert sind. In seiner Manufaktur werden Bücher nicht gemacht, sondern erarbeitet und erstritten. Der Dank gilt auch meiner Lektorin Britta Egetemeier, die mit hohem Sachverstand und großer Fürsorge das Werden ihrer gedruckten Schützlinge begleitet. Für anregende Diskussionen zu den aktuellen Themen der Zeit danke ich Wolfgang Nowak, Hans Halter, Bernd Ulrich, Sven Afhüppe, Frank Dopheide, Jan Fleischhauer, Kay Krüger, Gregor Peter Schmitz, aber auch meinen amerikanischen Freunden Norman Birnbaum, Kevin O'Brien, Fred Irwin, Marnie und Dennis Kenney, Peter Ross Range, ohne deren Reibung keine publizistische Energie entstehen würde.

Zu danken habe ich Simon Brauer und dem Handelsblatt-Research-Team, das mit Akribie sich auf Zahlen und historische Daten stürzte, um zu verifizieren und zu dokumentieren. Falls sich noch Fehler oder Ungenauigkeiten verstecken sollten, gehen diese auf mein Konto.

Tiefen Dank empfinde ich gegenüber meiner Agentin Bettina Keil, die sich um alle schreibfremden Tätigkeiten kümmert, was das Schreiben erst ermöglicht. Und last but not least sei meiner Assistentin Larissa Schepers herzlichst gedankt, für

Geduld und Nachsicht im Umgang mit dem Autor sowie für Fleiß und Akribie im Umgang mit dem Manuskript. Qualität kommt von Quälen, hieß es früher an der Georg-von-Holtz-brinck-Schule für Wirtschaftsjournalismus. Wenn es diesmal weniger qualvoll war, dann hat es an all den hier Genannten gelegen.

Das provokante Tagebuch des
SPIEGEL-Bestseller-Autors

Terroranschläge, Krisen, schwelende politische Konflikte:
Die Zeiten werden rauer, von allen Richtungen bläst uns
der Wind ins Gesicht. Da könnte es hilfreich sein, einen
Standpunkt zu haben. Doch haben wir einen, und wenn
ja, wie viele – oder spielen jetzt alle nur noch verrückt?
Vor diesem Hintergrund schrieb Henryk M. Broder im
letzten Jahr ein politisches Tagebuch, das heute bereits
visionär erscheint. Pointiert und satirisch scharfsichtig hilft
uns News-Junkie Broder dabei, im medialen Wahnsinn,
der täglich über uns hereinbricht, Haltung zu bewahren.

PENGUIN VERLAG

Wie zukunftsfähig ist Deutschland im Zeitalter der Digitalisierung?

Was kann Google, was Volkswagen und Bosch nicht können? Unsere Maschinenbauer, Autoindustrie, Energieversorger, unser Handel, unsere Banken und Dienstleister, aber auch unsere Politiker – Deutschland hat das 21. Jahrhundert mit einem Fehlstart begonnen. Werden wir digitale Provinz oder gelingt uns die Wende zum »Silicon Germany«? In seinem neuen Buch unterzieht Christoph Keese, Autor des Bestsellers *Silicon Valley*, die deutsche Wirtschaft einem Praxistest in Sachen Digitalisierung. Konkret und anschaulich zeigt er, wo die Schwachstellen sind und wie wir den Rückstand aufholen können.

 PENGUIN VERLAG